KT-367-185

Conversational Italian

A sequel to Beginners' Italian

Ottavio Negro

HODDER AND STOUGHTON
LONDON SYDNEY AUCKLAND TORONTO

Negro, Ottavio
  Conversational Italian.—2nd ed.
  1. Italian language—Conversation and phrase
  books
  I. Title
  458'.3'421   PC1121

  ISBN 0-340-23303-6

ISBN 0 340 23303 6
First published 1963
Second edition 1980
Copyright © 1980 Ottavio Negro

All rights reserved. No part of this publication may be reproduced or
transmitted in any form or by any means, electronic or mechanical,
including photocopy, recording, or any information storage and ret-
rieval system, without permission in writing from the publisher.

Photoset in Malta by Interprint Limited
Printed in Great Britain for Hodder and Stoughton Educational,
a division of Hodder and Stoughton Ltd,
Mill Road, Dunton Green, Sevenoaks, Kent, by
by J.W. Arrowsmith Ltd, Bristol.

CONTENTS

CONTENTS

INTRODUCTION

Conversational Italian is a sequel to *Beginners' Italian*. It is designed for those who already possess some knowledge of Italian and wish to extend it. The book is equally suitable for adult classes and for students working on their own.

The principles followed are similar to those of *Beginners' Italian*. Each of the fifteen chapters deals with a specific topic and provides material for, normally, two lessons (although at times three lessons may be required); but for rapid courses it should be possible to cover a chapter in one lesson by leaving out all, or most of, the 'Supplementary Practice' material.

I am again indebted to my pupils for their helpful co-operation when the material of this course was tried in class, and I would like to thank the editor, Jane Collins, for her help and advice.

NOTES AND SUGGESTIONS ON THE USE OF THIS BOOK

General

The material in each chapter is divided into two parts.

The first part introduces and develops the elements planned for that chapter, and could form the basis for one lesson. The second part, a reservoir of material and activities for the teacher or the self-taught to choose from, headed 'Supplementary Practice', further elaborates the same elements, and could form the basis for the follow-up lesson. There is no need to use all this supplementary material, nor is it necessary to follow the order in which the activities appear. The material of the whole chapter has been devised in such a way as to provide the maximum opportunity for students to talk, mainly in pairs, although speech pattern drills would normally be a teacher-student activity.

The main dialogue

Each dialogue at the beginning of the chapter contains:

a useful situational phraseology, forming a continuous dialogue. The principle governing the choice of phrases is 'controlled spontaneity', so that logically planned grammatical elements can be woven into the dialogue in a natural way;
b 'first impact' grammar points, brought into relief whenever possible by the juxtaposition of contrasting grammatical elements, e.g. *Lei è italiano, vero? Sì, io sono italiano.*

As the main dialogue contains the basic linguistic material of the chapter it should be practised thoroughly, but in order to avoid the students developing a dependence on the written word, the following sequence is suggested:

1 Give a model of the first question and answer, and have individuals say them to each other without looking at the text;
2 Move on to the second question and answer, building up the whole dialogue by degrees.

Speech pattern drills

These are structural pattern drills, i.e. each answer is similar in pattern to the answer given in the examples at the beginning of the exercise. They consolidate and amplify the grammar contained in the dialogue and expand the situational vocabulary. They should be practised orally. In a class only the teacher needs to keep the book open, but if students find some drills difficult it may be necessary to devote some time to familiarising them with the nature of the exercise first. If a drill contains new words, these should be quickly explained before starting the exercise.

For use in the class. The fact that these types of drills were developed when the language laboratories came into existence doesn't mean that speech patterns cannot be drilled orally in an ordinary classroom. Some teachers, with good reason, prefer to practise them in the class because of the greater flexibility in speed and increased control which is then possible.

For those working on their own. Read one or two questions and answers until you understand the nature of the exercise. Then cover the answers given as examples, read aloud a question (A) and say aloud the expected reply (B). Go through the drill more than once if necessary until you can produce the correct replies without hesitation.

Questions and replies could also be written as an additional practice at writing the language.

For the language laboratory. With most language laboratories it is possible to use the teacher's own voice, recording the questions direct onto the students' tapes via the microphone. This method enables the teacher to vary the length of the pause for the students' answer according to the average ability of the class.

Transition to free conversation

The ability to converse fluently with accuracy and spontaneity, moving if necessary from topic to topic as one often does in real life, is particularly important at this stage and should be practised whenever time allows it. This ability is best achieved through a gradual transition from controlled to free language practice. Suggestions for 'transitional questions' and questions leading to free conversation will be given for the main dialogue in each chapter, and may be used according to the needs of the class.

Transition. The teacher first reads the fragment of dialogue on which questions are going to be asked, although of course the entire dialogue has already been practised in depth at this stage. This is to avoid turning the conversation practice into a memory test. The student's attention must be focussed on a limited, well-defined portion of conversation so he can concentrate on interacting linguistically with his partner, and not worry about the story line. The teacher reads from the dialogue of chapter one, for example, personalising the characters by referring to them, say, as Alberto or Alberta and Bruno or Bruna. '*Alberta telefona a Bruna, e dice, "Pronto, sono Alberta". Bruna risponde: "Ciao Alberta, come va?" Alberta risponde: "Va bene, grazie."*'

Then the teacher asks individual students in quick succession a number of questions on these sentences from many angles, as suggested on page 4 for the first dialogue. Possible confusion on the part of the student about who did what to whom should be exploited as a source of an additional brief teacher-student conversation, e.g. Teacher: '*No, non è Alberta che dice questo a Bruna. Ascolti: Bruna dice: "Io vado in maglia e pantaloni." Allora, a chi dice questo Bruna?*'

Free conversation. The free conversation stage is reached when the characters of the original dialogue are forgotten and the teacher asks the student questions which concern him or her directly, and then involves a second student and lets the conversation continue between them. If it shows signs of drying up too soon, the teacher can help keep it going for a while. One-word or theme cues, ('*Perchè?*' or '*Costa meno di sera?*') would be a good way of doing so. If a student stops mid-sentence because he can't find an Italian word he needs, the teacher should unobtrusively suggest it.

After a pair of students have spoken on the initial and other topics, (to which they may move spontaneously or be prompted) for a few minutes, a third student could be involved in the conversation by the teacher asking '*Lei è d'accordo con quello che dice la signora X?*'. Sometimes at this point a fourth student may feel like joining in too, and should not be discouraged.

The same process of transition and introduction to free conversation can then start again with a new pair of students, using as a starting point the next fragment of the dialogue, or which ever subsequent fragment seems more promising.

Conversational exchanges

These are designed to reinforce and further expand the area with which the chapter is concerned. Used either individually or linked together, the conversational exchanges can be made a focal point of the follow-up lesson.

Explanations

Their aim is to explain Italian in as clear a way as possible. While it is not suggested that they should constitute a specific part of a lesson, they will give students the opportunity to read at home explicit descriptions of the workings of the Italian language.

1 uno

CLOTHES

1   *A*   (*on the telephone*) Pronto! Sono Alberto/a.
2   *B*   Ciao, Alberto/a. Come va?
3   *A*   Bene, grazie. Vorrei chiederti una cosa.
4   *B*   Certo, chiedi pure.
5   *A*   Come vieni vestito/a domani alla gita?
6   *B*   Io vengo in maglia e pantaloni. E tu?
7   *A*   Che ne dici dei miei pantaloni/della mia gonna di flanella?
8   *B*   Va benissimo. Che altro metti?
9   *A*   Metto la camicia/camicetta gialla.
10 *B*   Potresti portare anche un golf.
11 *A*   Hai ragione. È sempre utile.
12 *B*   Sai chi viene con Cristina?
13 *A*   Ha detto che sarebbe venuta con Carlo.
14 *B*   Son contento/a. È un ragazzo simpatico.
15 *A*   Beh, ora devo andare.
16 *B*   A domani allora.
17 *A*   Ciao, arrivederci.

1

SPEECH PATTERN DRILLS

Conditional

1 Window shopping. *Base your response on B in the example.*

A Che bella borsetta!
A Come sono brutte queste scarpe!

B *Le piacerebbe una borsetta così?*
B *Non le piacerebbero delle scarpe così?*

1 Che bella borsetta!
2 Come sono brutte queste scarpe!
3 Però questa camicetta è elegante.
4 Queste gonne non sono più di moda.

5 Trovo che sono fini questi guanti.
6 Com'è ridicolo questo cappello!
7 Che belle cravatte!
8 Ha visto che brutti bottoni?

2 *Base your response on B in the example.*

A *Io sarei d'accordo.*
A *Tu saresti d'accordo.*

B *Anch'io sarei d'accordo.*
B *Anche tu saresti d'accordo.*

1 Io sarei d'accordo.
2 Tu saresti d'accordo.
3 Anna sarebbe d'accordo. E Dino?

4 Noi saremmo d'accordo.
5 Voi sareste d'accordo.
6 I miei amici sarebbero d'accordo.

3 A Io non l'avrei comprato.
A Tu non l'avresti comprato.

B *Neanch'io l'avrei comprato.*
B *Neanche tu l'avresti comprato.*

1 Io non l'avrei comprato.
2 Tu non l'avresti comprato.
3 Aldo non l'avrebbe comprato. E Lisa?

4 Noi non l'avremmo comprato.
5 Voi non l'avreste comprato.
6 I miei amici non l'avrebbero comprato.

4 A

| Cos'ha detto la sua amica, |
| che lo misurerà? |
| che lo proverà? |
| che lo comprerà? |
| che lo pagherà? |
| che lo spedirà? |
| che lo indosserà? |

B

Sì, ha detto
che l'avrebbe misurato.
che l'avrebbe provato.

5 A Io vorrei provarlo.
A To vorresti comprarla.

B *Anch'io vorrei provarlo.*
B *Anche tu vorresti comprarla.*

1 Io vorrei provarlo.
2 Tu vorresti comprarlo.
3 Il mio amico vorrebbe indossarli.

4 Noi vorremmo misurarle.
5 Voi vorreste cambiarlo.
6 I miei amici vorrebbero spedirla.

6 *A* Lei vorrebbe provare questa pelliccia?

A La sua amica vorrebbe provare i sandali?

B Sì, *grazie, vorrei provarla.*

B Sì, *grazie, vorrebbe provarli.*

1 Lei vorrebbe provare questa pelliccia?

2 La sua amica vorrebbe provare i sandali?

3 Lei vorrebbe provare le pantofole?

4 La sua amica vorrebbe provare i guanti?

5 Lei vorrebbe provare la vestaglia?

6 La sua amica vorrebbe provare i jeans?

7 Lei vorrebbe provare questa cintura?

8 La sua amica vorrebbe provare il golf?

7 *A* Ci vado adesso?

A Lo prendo adesso?

B Potresti* *andarci più tardi.*

B Potresti* *prenderlo più tardi.*

1 Ci vado adesso?

2 Lo prendo adesso?

3 La provo adesso?

4 Li preparo adesso?

5 Le porto adesso?

6 Gli scrivo adesso?

7 Le telefono adesso?

* Practice also the courtesy form potrebbe.

8 *A* Proviamo questo cappello?

B Sì, *potremmo provarlo.*

1 Proviamo questo cappello?

2 Misuriamo questa stoffa?

3 Compriamo questi fazzoletti?

4 Prendiamo queste camicie?

5 Rammendiamo questo colletto?

6 Stiriamo queste maniche?

7 Attacchiamo questi bottoni?

8 Cuciamo queste tasche?

Past Conditional

9 *A*

Non l'ha nemmeno
provato.
misurato.
pagato.
ringraziato.
spedito.
portato.
indossato.

B

Avrebbe (almeno)* dovuto provarlo.

* Add almeno *when the drill seems easy without it.*

10 *A*   *B*

Che ne dici di (che ne dice di)
questa gonna, mi sta bene?
queste calze, mi stanno bene?
questo vestito, mi sta bene?
questi pantaloni, mi stanno bene?
questo cappotto, mi sta bene?
questi stivali, mi stanno bene?
questa giacca, mi sta bene?
queste scarpe, mi stanno bene?

La trovo bella. Ti (/Le) sta bene.

TRANSITION TO FREE CONVERSATION FROM DIALOGUE (See Introduction, page ix)

Lines 1–(3)   (*Number in brackets indicates that the conversation fragment does not include the whole of line 3.*)
   Reminder: *Alberta telefona a Bruna*: Pronto! Sono Alberta. *Bruna*: Ciao, Alberta. Come va? *Alberta*: Bene, grazie.

Questions   **transitional**: Alberta telefona a Bruna? Alberta scrive a Bruna? Che cosa fa Alberta? Chi telefona? A chi telefona Alberta? Come sta Alberta, bene o male?
   to initiate free conversation: Lei ha il telefono? Lei dove tiene il telefono, nel soggiorno o nell' entrata? Chieda al suo vicino se telefona spesso ai suoi amici. (*For simplification in this section students will be referred to in the masculine. The teacher will of course make the necessary adjustments for the feminine.*) *Continue like this, allowing the conversation to move freely in any direction, helping with a clue if necessary. When it comes to an end, start the transitional process with the next lines.*

Line 3   **Reminder**: *Alberta dice*: Vorrei chiederti una cosa.

Questions   **transitional**: Alberta vorrebbe chiedere qualcosa a Bruna? Alberta vorrebbe dare qualcosa a Bruna? Quante cose vorrebbe chiedere Alberta a Bruna? Che cosa vorrebbe chiedere Alberta alla sua amica? A chi vorrebbe chiedere una cosa Alberta?

1

to initiate free conversation: Lei vuol chiedermi qualcosa? Sì? Bene, chieda. No? Mi chieda se mi piacerebbe fare una gita. Chieda al suo vicino se va spesso a fare delle gite.

(Line 4 does not offer enough scope, at this stage, for easy 'transitional' questions.)

Line 5   **Reminder**: *Alberta chiede a Bruna*: Come vieni vestita domani alla gita?

Questions   **transitional**: Alberta chiede a Bruna dove va in vacanza? Che cosa le chiede? A chi chiede come viene vestita alla gita? Quando andranno alla gita le due amiche? Dove andranno domani Alberta e Bruna? Chi andrà alla gita domani?

        to initiate free conversation: Lei va a fare una gita questo fine-settimana? (Sì? Dove va?/No? Non le piace andare in gita?) Domandi al suo vicino se qualche volta va a fare delle gite/ dove va generalmente/con chi va/come va, in macchina? (etc.)

Line 6   **Reminder**: *Bruna dice*: Io vengo in maglia e pantaloni.

Questions   **transitional**: Bruna va alla gita in gonna e camicetta? Che cosa indossa Bruna? Chi va alla gita in maglia e pantaloni? A chi dice Bruna che va alla gita in maglia e pantaloni? Dove va Bruna domani? Come va vestita Bruna domani alla gita?

        to initiate free conversation: Lei come si veste d'estate quando va in gita? Da chi va a comprare i suoi abiti generalmente? Guardi la maglia (o la camicia, la cravatta, etc.) del suo vicino, gli dica com'è bella e gli chieda dove l'ha comprata, (etc.)

By now a fair amount of conversation ought to have been generated by this process. If further sources for conversation are still needed, deal with the rest of the dialogue in a similar manner, choosing the lines which have the greatest potential. For example lines 7–9 of the main dialogue may not be very productive, but something can be done with lines 10–11.

Lines 12–14 especially can engender a number of interesting questions, including *Perché è contenta Bruna?*

SUPPLEMENTARY PRACTICE

Conversational exchanges

1 *A* Quanto costano quelle scarpe in vetrina?
  B Ventimila lire. Che numero porta?
  A Il numero trentasette, credo.
  B Mi dispiace, abbiamo soltanto il trentotto.

2 *A* Che bel soprabito! L'hai fatto fare?
  B Non vado più dal sarto/dalla sarta. L'ho comprato alla Rinascente.
  A Ti sta bene. È molto elegante.
  B Ti piacciono i polsini?
  A Belli! Sono molto insoliti.

3 *A* Ho incontrato Graziella dalla sarta.
  B Ah sì? Come sta? È sempre così elegante?
  A Elegantissima. Ha detto che ti avrebbe telefonato.

Chain exchanges

1 *Pretend to try something on, and ask your friends' advice.*
  A Ti piace questo cappotto (soprabito, maglione, etc.)
  B Non saprei. Forse è un po' largo (stretto, lungo, corto, etc.)
     (*B to C*) E tu, che ne dici?
  C Non saprei. Forse è un po' … *etc.* (*Then C to D etc.*)

2 *A headscarf has been left on an armchair in the hotel lounge. You are with a party of friends, so use* tu.
  A Tu sai di chi è questo foulard?
  B Non so. Non lo riconosco. (to *C*) Tu sai di chi è … *etc.*

Transition to free conversation

If this has not been done during the first period devoted to this chapter, it could well be done during the follow-up period, thus serving both as induction to free conversation and as revision of the material practised before.

The whole of the main dialogue 'Clothes' could first be read, then the students' attention focused each time on the line(s) subjected to the 'transitional questioning' treatment.

Alternatively, transitional questions and questions initiating free conversation could be devised for the *Conversational exchanges* above.

Other possible work in class or at home

1 *Guided dialogue*

Class works in pairs simultaneously. The teacher circulates among the students and helps when necessary. Each student plays role *A* and *B* in turn with his neighbour following the pattern below.

Homework. Write a dialogue following the pattern below.

A	*B*
Greet B.	Return greeting.
Ask where he/she has been.	Say you went shopping.
Ask B what he/she bought.	Say what you bought.
Ask if B bought anything for his/her brother.	Say you did (mention what) or didn't (explain why, e.g. lack of time/couldn't find anything suitable, etc.).

2 *Fluency practice/Construction of phrases*

Class working in pairs. Taking it in turn with your neighbour, ask and answer questions choosing different phrases from the boxes each time.

Homework. Write a series of short 'exchanges' choosing different phrases from the boxes each time.

A

Vorrebbe provare
questo cappotto?
questa maglia?
questo abito?
questa giacca?

B

Grazie.
Purtroppo non mi va bene: è troppo piccolo/a.
Purtroppo non mi sta bene: è troppo chiaro/a, scuro/a.

A

Allora provi
quest'altra taglia.
quest'altro colore.

3 *Reading comprehension*

Homework. Can you guess from the advertisment below what the shop is selling? Use a dictionary if necessary. The answer is on page 150.

CALDE SOFFICI VOLUTTUOSE E SEMPRE MENO CARE

In occasione dell'apertura del nostro nuovo negozio in via Marconi 60, Milano, iniziamo domani alle ore 15 una GRANDIOSA VENDITA DI MODELLI DI NUOVA CREAZIONE.

Sconti oltre il 50%!

REGALATE O REGALATEVI UNA LUNGA FELICITÀ: Con sole 750.000 lire potrete comprare un modello esclusivo di marmotta del valore di 1.500.000 lire!

EXPLANATIONS

1 Conditional

With the conditional one can express something tentatively; therefore statements and requests sound less definite or brusque.

provare	prendere	preferire
proverei	prenderei	preferirei
proveresti	prenderesti	preferiresti
proverebbe	prenderebbe	preferirebbe
proveremmo	prenderemmo	preferiremmo
provereste	prendereste	preferireste
proverebbero	prenderebbero	preferirebbero

2 Irregular conditionals

The Conditional has the same stems as the Future, including the irregular ones. The endings of the Conditional always follow a pattern as in the examples below.

essere	avere	potere	volere
sarei	avrei	potrei	vorrei
saresti	avresti	potresti	vorresti
sarebbe	avrebbe	potrebbe	vorrebbe
saremmo	avremmo	potremmo	vorremmo
sareste	avreste	potreste	vorreste
sarebbero	avrebbero	potrebbero	vorrebbero

Other common irregular Conditionals are: *dovere = dovrei, andare = andrei, venire = verrei, bere = berrei, sapere = saprei, vedere = vedrei, rimanere = rimarrei, tenere = terrei.*

3 Reported speech

The Past Conditional is also used to report someone's intention of doing something. Example: *Cos'ha detto la sua amica, che lo compra? Sì, ha detto che l'avrebbe comprato.*

2 due

Duration forms (*da molto tempo, tempo fa, fra*)
Dire
Special use of *ci* (= for it)

CLEANING AND REPAIRS

A = la stiratrice
B = il/la cliente

1 *A* (*opening her dry-cleaning shop*) È da molto tempo che aspetta, signore/a/ina?
2 *B* No, sono arrivato/a cinque minuti fa.
3 *A* Che cosa desidera?
4 *B* Ho queste camicie da lavare e stirare.
5 *A* Quante camicie sono?
6 *B* Cinque. Per quando saranno pronte?
7 *A* Saranno pronte per venerdì sera.
8 *B* Ho anche questo soprabito da smacchiare.
9 *A* Sa dirmi che macchia è?
10 *B* Non so. Forse di fragola.
11 *A* È macchiato da molto tempo?
12 *B* Da una settimana.
13 *A* Dovrò mandarlo al laboratorio.
14 *B* Ci vorrà molto tempo?
15 *A* Sarà pronto fra cinque o sei giorni.

SPEECH PATTERN DRILLS

Duration forms

Da = *since*

1 *Base your response on B in the example.*

A   B

> Da quanto tempo
>   è macchiato?   *È macchiato da una settimana.*
>   è guasto?   *È guasto da una settimana.*
>   è rotto?
>   va avanti?
>   va indietro?
>   non funziona?
>   si è fermato?
>   si è strappato?

2 Fra una settimana = *in a week's time*

A   B

> Quando sarà pronto il mio   *Il suo orologio sarà pronto fra una*
>   orologio?   *settimana.*
>   sarà pronta la mia catenina?
>   saranno pronti i miei
>   orecchini?
>   saranno pronte le mie
>   scarpe?
>   sarà pronto il mio anello?
>   sarà pronta la mia borsetta?
>   saranno pronti i miei
>   occhiali?
>   saranno pronte le mie
>   camicie?

3 Fa = *ago*

A   B

> Finalmente ha lavato la biancheria.   *Avrebbe dovuto lavarla molto tempo fa.*
>   ha riparato l'accendino.
>   ha cambiato le pile alla
>   radio.
>   ha smacchiato la giacca.
>   ha pulito le scarpe.
>   ha attaccato i bottoni.
>   ha stirato le camicette.
>   ha rammendato le calze.
>   ha finito questo lavoro.

11

4 Ci *replacing* **a** + *infinitive or* **per** + *infinitive*

A   *B*

Quanto tempo ci vorrà per
smacchiare questo vestito?
riparare questo orologio?
rammendare questa gonna?
cambiare il vetro all'orologio?
lavare queste camicie?
stirare questi pantaloni?
pulire questi guanti?

Ci vorranno almeno 2 giorni.
3
4
5
6
7
8

5 *A*   *B*

Quanto tempo ci vuole per
riparare questa macchina
fotografica?
attaccare questi bottoni?
smacchiare questo cappello?
pulire questa pelliccia?
rammendare questo cappotto?
stirare questa biancheria?
finire questo lavoro?
cambiare questo vetro?

Per riparare questa macchina
fotografica ci vogliono 2 ore.
         3 ore.
         4 ore.
         etc.

Dire = *to say, to tell* (*irregular*)

6 *A* Io dico che è d'oro.   *B Anch'io dico che è d'oro.*
   A Tu dici che è d'argento.   *B Anche tu dici che è d'argento.*

1 Io dico che è d'oro.   *4* Noi diciamo che è di plastica.
2 Tu dici che è d'argento.   *5* Voi dite che è di alluminio.
3 Il mio amico dice che è di rame.   *6* I miei amici dicono che è di legno.

TRANSITION TO FREE CONVERSATION FROM DIALOGUE

Lines 1–2   **Reminder**: *La stiratrice apre la tintoria e chiede al cliente*: È da molto tempo che aspetta, signore? *Il cliente*: No, sono arrivato cinque minuti fa.

Questions **transitional**: È da molto tempo che aspetta il cliente?
È arrivato dieci minuti fa? Chi apre la tintoria? Chi aspetta
davanti al negozio? A chi parla la stiratrice? Dov'è il
cliente? È stanco di aspettare?
to initiate free conversation: Lei da quanto tempo è in
classe? Quando è arrivato? Chieda al suo vicino da quanti
minuti parla italiano, se è stanco di parlare/ di ascoltare
gli altri, da quanto tempo studia l'italiano/abita a Londra,
(etc.).

Lines 3–(6) **Reminder**: La stiratrice chiede al cliente: Che cosa desidera?
Cliente: Ho queste camicie da lavare e stirare. *Stiratrice*:
Quante camicie sono? *Cliente*: Cinque.

Questions **transitional**: Il cliente porta dei pantaloni da lavare e
stirare? Le camicie sono solo da lavare? Quante sono?
Perchè il cliente le porta in tintoria? Chi le porta in tintoria? Chi le lava e le stira?
to initiate free conversation: Lei porta le sue camicie/i suoi
vestiti in tintoria? Le/li fa solo lavare o anche stirare?
Chieda al suo vicino se porta il bucato in lavanderia /se lo
fa in casa/ quante volte alla settimana/ che cosa fa lavare
e stirare in tintoria/ spesso?

Lines 8–10 **Reminder**: *Cliente*: Ho anche questo soprabito da smacchiare. *Stiratrice*: Sa dirmi che macchia è? *Cliente*: Non so.
Forse di fragola.

Questions **transitional**: Il cliente ha delle camicie da smacchiare?
A chi porta il soprabito da smacchiare? Che cosa porta il
cliente da smacchiare? Che cosa domanda al cliente la
stiratrice? È una macchia di olio? Quante macchie ci sono
sul soprabito?
to initiate free conversation: Lei ha una macchia di fragola
sul suo vestito adesso? Che cosa fa quando ha i vestiti
macchiati? Chieda al suo vicino se gli piace pulire la
casa/lavare i piatti/stirare/smacchiare/fare il bucato
(etc.).

2

SUPPLEMENTARY PRACTICE

Conversational exchanges

1 *Fra conoscenze*

  A   Che cosa fa qui il signor/la signora/ina Rossi?
  B   Aspetta la signora Bianchi.
  A   È da molto che aspetta?
  B   No, é arrivato/a cinque minuti fa.

2 *Dall'orologiaio*

  A   Questo orologio non va bene.
  B   Che cos'è che non va?
  A   Va avanti/indietro dieci minuti al giorno.
  B   Dovrò esaminarlo. Ripassi fra due o tre giorni.

3 *Dall'ottico*

  A   Ho rotto gli occhiali. Può ripararli urgentemente?
  B   Ci vorranno almeno ventiquattro ore.
  A   Costerà molto?
  B   Dipenderà dalla montatura. Può scegliere fra queste.

4 *Dal calzolaio*

  A   Può riparare questo tacco?
  B   Sì, ma mi lasci anche l'altra scarpa per vedere l'altezza.
  A   Ecco qui. Per quando sono pronte?
  B   Saranno pronte domani mattina.

Chain exchanges

1   *A*   Lei conosce un negozio dove riparano orologi?
     B   Io non ne conosco. Domandiamo a questo/a signore/a/ina. (*to C*)
         Lei conosce ... *etc.*

2   *The group is gathering for an outing.*

     A   Lei è da molto tempo che aspetta?
     B   Sono arrivato/a soltanto adesso. (*to C*) Lei è da molto tempo
         ... *etc.*

3 *A* Sa a che ora dobbiamo partire?

  B Non so. Forse fra dieci minuti. (*to C*) Sa a che ora . . . *etc.*

Other possible work in class or at home

1 *Guided dialogue*

The Class works in pairs. Each student plays role *A* and *B* in turn with his neighbour following the pattern below.

Homework. Write a dialogue following the pattern below.

A	*B*
È pronta la mia biancheria?	Say you are sorry, it isn't ready yet.
Ask when it will be ready.	It will be ready tomorrow.
Quanto costa far smacchiare questa gonna?	Three thousand
Say you need it for tomorrow evening.	Finish conversation.

2 *Fluency practice/Construction of phrases*

Class working in pairs. Taking it in turn with your neighbour, ask and answer questions choosing different phrases from the boxes each time.

Homework. Write a series of short 'exchanges' choosing different phrases from the boxes each time.

A

Che cosa desidera?

B

Può ripararmi questo orologio?
accendino?
questa sveglia?
catenina?
questi orecchini?
queste spille?

A

Certo,	sarà pronto pronta saranno pronti pronte	fra un quarto d'ora. per oggi pomeriggio. per stasera. per domani. prima di sabato. fra una settimana.

3 *Reading comprehension*

Homework. What is the advertisement about? (washing-up liquid? carpet shampoo? medicated shampoo? insecticide? furniture polish? shoe polish? washing powder? *See answer on page* 150)

> Perchè comprare diversi prodotti mentre ne basta uno per fare
> il lavoro di tre?
>
> Usate 'PRESTO'
> UN PRODOTTO GARANTITO DI SICURA EFFICACIA
> Dove entra 'PRESTO' esce lo sporco!
> 'PRESTO' pulisce e lucida ISTANTANEAMENTE mentre spolverate.

EXPLANATIONS

1 Irregular verb *Dire*

dico	diciamo
dici	dite
dice	dicono

Past participle: detto

2 Duration forms

Da = since. Da quanto tempo è macchiato? È macchiato da una settimana.

Fra una settimana = in a week's time. Quando sarà pronto il mio orologio? Sarà pronto fra una settimana.

Ci can replace *a* + infinitive, or *per* + infinitive.

Quanto (tempo) ci vorrà per smacchiare questo vestito? Ci vorranno almeno due giorni.

Verbs with and without
prepositions
Prepositions of place
Adjective + Preposition
(+ Infinitive)

3 tre

AT THE HAIRDRESSER'S

1 *A*   Io vado dal parrucchiere/dalla parrucchiera. Vieni anche tu in
       città?
2 *B*   Grazie, ma oggi non esco.
3 *A*   Non sei stufo/a di rimanere in casa?
4 *B*   Devo scrivere delle lettere.
5 *A*   Allora a più tardi.
6 *B*   Ciao, ci vediamo.
       (*At the hairdresser's*)
7 *A*   Buon giorno. C'è molto da aspettare?
8 *Hairdresser* Che cosa desidera?
9 *A*   Vorrei farmi tagliare i capelli.
10 *H*   Si accomodi. Finisco questo/a signore/a, poi sono da lei.
11 *A*   Veramente non posso aspettare.
12 *H*   Il ragazzo/la ragazza può cominciare a lavarle i capelli.
13 *A*   Va bene. Quanto tempo ci vorrà in tutto?
14 *H*   Non più di mezz'ora. Quale shampoo preferisce?
15 *A*   Vorrei qualcosa per capelli secchi.
16 *H*   Benissimo. Vuole accomodarsi qui, signore/a? Vado a chiamare
       Franco/a.

17

SPEECH PATTERN DRILLS

Verbs with and without prepositions

1 *with* **di**
Base your response on B in the example

A

> La signora
> finisce di scrivere delle lettere.
> spera di incominciare subito.
> teme di finire troppo tardi.
> crede di essere in ritardo.
> decide di cambiare pettinatura.

B

Anch'io
finisco di scrivere delle lettere.
Spero di incominciare subito.

2 *with* **a**

A

> Chi va a chiamare il ragazzo?
> incomincia a lavare i capelli alla signora?
> continua a tagliare i capelli al signore?
> chiede alla signorina se è pronta?

B

(Se vuole)* vado io a chiamare
il ragazzo.

*Add *se vuole* when the drill seems easy without it.

3 *with* **in**

A

> Lei preferisce   viaggiare   in treno?
>   andare   in aereo?
>   in automobile?
>   in pullman?
>   in elicottero?
>   in bicicletta?

B

Io viaggio sempre in treno.

4 *Without preposition*

A

> Vogliono*   parlare al proprietario?
> Desiderano   fissare un appuntamento?
> Devono   aspettare un poco?
> Possono   tornare domani?
> Preferiscono   cambiare pettinatura?

B

Sì, vogliamo parlare al proprietario

The familiar forms volete, desiderate, *etc. could also be practised.*

Use of a, in, da, when mentioning a place

5 *with* a

A Va a Roma anche Antonio?

B *Sì, anche Antonio va a Roma (ma non è ancora pronto*).*

1 Va a Roma anche Antonio?
2 Viene a casa anche Cristina?
3 Va a scuola anche il parrucchiere?

4 Viene al cinema anche Rosina?
5 Va al mare anche il suo amico?
6 Viene a teatro anche Paola?

* Add this phrase when the drill seems easy without it.

6 *with* in

A

Viene in Italia	anche lei?
in campagna	
in montagna	
in città	
in chiesa	

B

No, questa volta non vengo in Italia.

7 *with* da
Tomorrow will be a busy day

A

| È stato/a da Franco? |
| dal parrucchiere? |
| dal farmacista? |
| dai suoi amici? |
| da suo fratello? |
| dall'avvocato? |

B

No, andrò da Franco domani.

8 A

| Io vado raramente dal parrucchiere |
| quando sono in Italia. |
| in vacanza. |
| in campagna. |
| in montagna. |

B

Io non ci vado mai quando sono in Italia.

Adjectives + prepositions

9 *adjectives* + **di, a, da**

	A
Sono	stufo/a di restare in casa. contento/a di uscire. sicuro/a di divertirmi.
	pronto/a a incominciare. deciso/a a rimanere. disposto/a a pagare.
	facile da accontentare. indipendente dalla famiglia. lontano/a dalla città.

B

È stufo/a di restare in casa? Meno male!

TRANSITION TO FREE CONVERSATION FROM DIALOGUE

Lines 1–2 **Reminder**: *Alberta dice*: Io vado dal parrucchiere. Vieni anche tu in città? *Bruna risponde*: Grazie, ma oggi non esco.

Questions **transitional**: Alberta va dal parrucchiere? Anche Bruna ci va? Chi va dal parrucchiere: Bruna o Alberta? Da chi va Alberta? Chi invita Bruna ad andare in città? Viene anche Bruna in città? Bruna esce oggi? E Alberta? Con chi va in città Alberta? Che cosa fa Alberta oggi?
to initiate free conversation: Lei è andato dal parrucchiere oggi? il suo parrucchiere è in città? Quante volte al mese ci va? Va da solo o con un amico/un'amica? Le piace andare dal parrucchiere? Inviti il suo vicino ad uscire con lei domani mattina per fare le spese/vedere una mostra/prendere un caffè (etc.).

3

Lines 3–4 **Reminder**: *Alberta domanda a Bruna*: Non sei stufa di rimanere in casa? *Bruna risponde*: Devo scrivere delle lettere.

Questions **transitional**: Bruna rimane in casa? Perchè rimane in casa? È stufa di rimanere in casa Bruna? Chi è stufa di stare in casa? Chi scrive delle lettere? Che cosa scrive Bruna? Quante lettere scrive? Anche Alberta scrive delle lettere? **to initiate free conversation**: Lei ha scritto delle lettere oggi? (Sì? Quante? Per affari/ a amici o parenti?) (No? Ha ricevuto delle lettere? Scrive lettere solo al weekend?) Chieda al suo vicino se gli piace rimanere in casa al mattino, che cosa fa di solito al mattino (A che ora si alza/ fa colazione/esce/va al lavoro). Chieda al suo vicino dove va quando è stufo di rimanere in casa (Esce con amici? Fa passeggiate/compere/visite?) (etc.).

Lines 8–10 *Reminder*: Alberta è dal parrucchiere e vuole farsi tagliare i capelli. Il parrucchiere le chiede: Che cosa desidera? Alberta: Vorrei farmi tagliare i capelli. Parrucchiere: Si accomodi. Finisco questa signora, poi sono da lei.

Questions **transitional**: Alberta vuole solo farsi lavare i capelli? Chi vuole farsi tagliare i capelli? Da chi vuole farsi tagliare i capelli? Che cosa desidera Alberta? Il parrucchiere dice che finisce questa signora, poi è da Alberta. Chi finisce il parrucchiere? E poi do chi va? A chi dice questo? Quante signore finisce prima di andare da Alberta? **to initiate free conversation**: Che cosa si fa fare lei dal parrucchiere? (Si fa lavare e tagliare i capelli? Si fa fare la messa in piega, la permanente, la tinta?). Chieda al suo vicino che cosa si fa fare quando va dal parrucchiere, se ha un parrucchiere o una parrucchiera, se gli piacciono i capelli corti o lunghi, lisci o ricci o ondulati. (etc.)

Line 11   **Reminder**: Alberta protesta: Veramente non posso aspet
tare.

Questions   **transitional**: Può aspettare Alberta? Che cosa non può fare
Chi è che non può aspettare? Quanto tempo può aspettar
Alberta?

                  to initiate free conversation: Lei deve aspettare molt
quando va dal parrucchiere? Di solito prende un appunta
mento? Chieda al suo vicino se deve aspettare molt
quando va dal dottore/dal dentista. Che cosa fa mentr
aspetta il suo turno? (Preferisce leggere/chiacchierare?

SUPPLEMENTARY PRACTICE

Conversational exchanges

1 *A* Quando va dal/dalla parrucchiere/a?
   B Ho fissato un appuntamento per domani.
   A A che ora ci va?
   B Ci vado alle 11.

2 *A* Che cosa desidera, signora?
   B Vorrei una messa in piega. C'è molta da aspettare?
   A No, finisco questa signora, poi tocca a lei.
   B Quanto tempo ci vuole ancora?
   A In 5 o 6 minuti ho finito.

3 *A* Li accorciamo in cima?
   B Sì, e li accorci anche dietro, ma non troppo.
   A E ai lati, li vuole più corti?
   B No, li lasci come sono.

4 *A* È troppo caldo il casco?
   B No, va bene così.
   A Desidera una manicure nel frattempo?
   B No, grazie, ma mi piacerebbe guardare una rivista.

Chain exchanges

1 *A* La signora Bertini va dalla parrucchiera. Ci va anche lei?
   B No, per adesso non ne ho ancora bisogno. (*to C*) La signora . . . *etc.*

2 *A* Sono aperti i parrucchieri il sabato pomeriggio?
  B Credo di sì. Forse questo/a signore/a lo sa. (*to C*) Sono aperti . . .
       etc.

3 *A* Tocca a lei, signora?
  B Non credo. Ci dev'essere questo/a signore/a prima di me. (*to C*)
       Tocca . . . *etc.*

Other possible work in class or at home

1 *Fluency practice/Construction of phrases*

Class working in pairs. Taking it in turn with your neighbour, ask
and answer questions choosing different phrases from the boxes each
time.

Homework. Write a series of short 'exchanges' choosing different
phrases from the boxes each time.

A

| In che posso servirla, |
| signore/a/ina? |

B

| Vorrei una messa in piega. |
| un massaggio al viso. |
| la manicure. |
| la permanente. |
| farmi lavare i capelli. |
| tagliare i capelli. |
| fare la barba. |

A

Vuole accomodarsi qui, signore/a/ina?	Sono subito da lei.
	Mando subito il mio assistente.
	C'é da aspettare 5 minuti.

2 *Matching questions and answers*

Class working in pairs. Rearrange the responses in column B so a
to obtain a coherent conversation with A. Then read role A and I
in turn with your neighbour. (The correct sequence is given o
page 150).

Homework. Place next to the sentences on the left the letters cor
responding to the responses which would produce a coherent dialogu
between A and B. (The correct sequence is given on page 150).

A

1 Buon giorno, signore/a.

2 Purtroppo c'è da aspettare
un po'.

3 Nel frattempo vuol vedere
se le occorre qualcosa? Abbiamo un buon assortimento
di profumi e articoli da toletta: talco, sapone, creme,
lozioni – tutto quel che
desidera.

4 Scelga pure le lamette e la
crema che vuole.

5 Troverà le spazzole su quello
scaffale.

6 Fa 6000 lire in tutto.

7 No, ora può accomodarsi nel
salone. Come li vuole i
capelli?

B

a Peccato. Ho un po' fretta.

b Li accorci un poco, con la
scriminatura a destra.

c Buon giorno. Vorrei farmi
tagliare i capelli.

d C'è ancora molto da aspettare?

e Ah sì. Prendo questa spazzola (
anche questo pettine. Quanto
fa?

f Vendono anche articoli da
toletta? Bene – mi occorrono
delle lamette e della crema da
barba.

g Avrei anche bisogno di una
spazzola per capelli.

3 *Reading comprehension*

Homework. What is this advertisement for? (see answer on page. 150).

UNA GRANDE NOVITÀ
IL RISULTATO DI ANNI DI RICERCHE

Lo dicono gli esperti: per essere belli devono essere forti, e per essere forti hanno bisogno di nutrimento; per avere vitalità e elasticità hanno bisogno di mantenere un grado di umidità costante.

PRO-VITAL contiene proteine e crema idratante e altri ingredienti necessari per la loro salute e bellezza, e in più . . .

UN SOFFIO DI PRIMAVERA
NELLE ERBE AROMATICHE
CONTENUTE IN PRO-VITAL

Lavateli in PRO-VITAL se li volete morbidi, sani e profumati.

Per i sofferenti di forfora, gli specialisti consigliano l'uso almeno bisettimanale del PRO-VITAL "Formula Antiforfora".

Nelle migliori profumerie e farmacie.

EXPLANATIONS

Adjectives + Prepositions

Some adjectives require a particular preposition if the rest of the sentence is dependent on them. Often such preposition leads on to an infinitive. (See Drill 9.)

4 quattro

Irregular verb *Fare*
Fare + infinitive
Prepositions + Infinitive
Disjunctive pronouns
    following prepositions
Neutral *lo*

AT THE CHEMIST'S/HEALTH

1 *A* Che cosa desidera?
2 *B* Può prepararmi questa ricetta?
3 *A* Sì, ma c'è da aspettare qualche* minuto.
4 *B* Va bene, non ho fretta.
5 *B* Desidera altro, metre le faccio preparare la ricetta?
6 *B* Vorrei delle vitamine B.
7 *A* Un flacone grande o piccolo?
8 *B* Quanto costa il flacone grande?
9 *A* Il flacone grande costa 5000 lire, e quello piccolo 3000.
10 *B* Prendo quello grande. Le vitamine fanno sempre bene.
11 *A* Scusi, lei è il padre/madre di questo bambino?
12 *B* No, non lo sono.
13 *B* (*to the child*) Non toccare la bilancia. (*to B*) È tutto, signore/a?
14 *B* Sì, questo è tutto.
      *Qualche requires the noun in the singular although the mean-
      ing is plural.

4

SPEECH PATTERN DRILLS

Irregular Verb **Fare**

1 *Base your response on B in the example.*

A Il caffè ti fa male.
A Le sigarette gli fanno male.

B È vero, trovo che il caffè mi fa male.
B È vero, trova che le sigarette gli fanno male.

1 Il caffè ti fa male.
2 Le sigarette gli fanno male.
3 Bere molto vi fa male.

4 Mangiare in fretta ti fa male.
5 Dormire poco gli fa male.
6 Troppe medicine vi fanno male.

2 *A*

Io gli faccio	una radiografia.
Tu gli fai	una fasciatura.
Il mio dottore gli fa	una visita.
Noi gli facciamo	delle iniezioni.
Voi gli fate	un'analisi.
Loro gli fanno	un'operazione.

B

Anch'io gli faccio una radiografia
Anche tu gli fai una fasciatura.

Fare + *Infinitive*

3 *Emergency ward*

A Ecco il ferito. Lo facciamo operare?   *B* Certo. Dobbiamo farlo operare.

1 Ecco il ferito. Lo facciamo operare?
2 E la paziente, la facciamo ricoverare?
3 Ecco gli infermieri. Li facciamo rimanere?
4 E le infermiere, le facciamo riposare?

5 Ecco il chirurgo. Lo facciamo passare?
6 E la farmacista, la facciamo ritornare?
7 Ecco i radiologhi. Li facciamo entrare?
8 E le anestesiste, le facciamo aspettare?

4 Bravo Enrico!

A

Da chi ha fatto
portare i cerotti?
fare le iniezioni?
misurare la temperatura?
preparare la ricetta?
ordinare gli antibiotici?
cambiare le bende?
cercare la siringa?
chiamare il medico?

B

Li ho fatti portare da Enrico.

Prepositions + Infinitive

5 Some hospital!

A

> Lo hanno operato
> prima di informarci.
> invece di visitarlo.
> dopo averlo svegliato.
> senza anestetizzarlo.
> prima di fargli una radiografia.
> invece di lasciarlo riposare.
> senza dirgli niente.
> dopo avergli fatto fare il
> testamento.

B

Come, lo hanno operato prima di informarci?

Disjunctive pronoun following preposition

6 *A*

Vuoi	andarci	invece di me?
	passare	prima di noi?
	parlargli	dopo di lui?
	visitarlo	senza di lei?
	entrare	invece di me?
	uscire	prima di noi?
	ritornare	dopo di lui?
	operarlo	senza di loro?

B

Perchè non dovrei andarci invece di te?
Perchè non dovrei passare prima di voi?

Neutral **lo**

7 *A* È il nuovo farmacista quel signore?

1 È il nuovo farmacista quel signore?
2 Sembra preoccupato.
3 Allora è di cattivo umore?
4 E quella signora, è sua sorella?

B *Sembra il nuovo farmacista, ma non lo è.*

5 Mi sembra infelice quella signora.
6 Allora è ammalata?
7 Forse sono stanchi tutti e due.

TRANSITION TO FREE CONVERSATION FROM DIALOGUE

Lines 1–2 **Reminder:** *Bruna va in farmacia e il farmacista le chiede:* Che cosa desidera? *Bruna dice:* Può prepararmi questa ricetta?

Questions transitional: Bruna va in tabaccheria? Parla con un farmacista? Chiede al farmacista di prepararle un pacco? Chi prepara la ricetta a Bruna? A chi chiede di prepararle la ricetta Bruna? Che cosa prepara il farmacista per Bruna? *to initiate free conversation:* Dove porta le ricette del dottore lei? Chi scrive la ricetta? Chi la prepara? Deve pagare le medicine? Chieda al suo vicino se c'è una farmacia vicino a casa sua, se ci va spesso, che cosa può comprare senza ricetta. Chieda al suo vicino se può suggerirle una buona ricetta di cucina.

Lines 3–4 Reminder: *Il farmacista può preparare la ricetta ma dice:* C'è da aspettare qualche minuto. *Bruna commenta:* Va bene, non ho fretta.

Questions transitional: C'è molto tempo da aspettare? C'è da aspettare dieci minuti? Chi deve aspettare? Che cosa deve aspettare? Quanto tempo deve aspettare? Bruna ha fretta? Il farmacista le prepara subito la ricetta?
to initiate free conversation: Lei ha fretta oggi. Deve correre subito a casa dopo la lezione? Non si ferma a chiacchierare? Chieda al suo vicino se aspetta qualcuno dopo la lezione per andare a casa, se va a casa in macchina o a piedi. (etc.)

Lines 5–6 Reminder: *Il farmacista chiede:* Desidera altro, mentre le faccio preparare la ricetta? *Bruna risponde:* Vorrei delle vitamine B.

Questions transitional: Desidera altro Bruna? Vuole delle vitamine C? Che cosa vuole? A chi dice che vuole delle vitamine B? A chi vende delle vitamine B il farmacista? Che cosa le fa preparare intanto? Per chi fa preparare la ricetta il farmacista?
to initiate free conversation: Ha mai comprato delle vitamine lei? Costano molto? Ci vuole la ricetta del dottore? Lei vuole comprare dei prodotti per il bagno (sapone, dentifricio, ecc.) e li chiede al suo vicino che è il commesso. Dica il tipo che desidera, chieda il prezzo, (etc.)

4

SUPPLEMENTARY PRACTICE

Conversational exchanges

1 *A* Ha qualcosa per il raffreddore?
  B Può prendere dell'aspirina.
  A Preferirei qualcos'altro.
  B Allora prenda queste pastiglie tre volte al giorno.

2 *A* Ha uno sciroppo per la tosse?
  B Provi questo.
  A Quando lo devo prendere?
  B Ne prenda un cucchiaino dopo i pasti.

3 *A* Che cosa mi consiglia per l'indigestione?
  B Ha provato a prendere del bicarbonato?
  A Non mi fa niente.
  B Allora provi questa specialità.

4 *A* È prima di me questa signora?
  B No, tocca a lei. Desidera, signore/a/ina?
  A Vorrei un tubetto di dentifricio.
  B Che marca?
  A Biancaneve.

Chain exchanges

1 *A* Dov'è la farmacia di turno più vicina?
  B Non lo so. Chiediamo a questo/a signore/a. (*to C*) Dov'è . . . *etc.*

2 *A* Scusi, tocca a lei?
  B Non credo. Forse tocca a questa signora. (*to C*) Scusi, tocca . . .
    etc.

3 *A* Lei sa perchè la signora Rossi non è venuta?
  B Forse non starà bene. (*to C*) Lei sa . . . *etc.*

4

Other possible work in class or at home

1 *Guided dialogue*

Class working in pairs. Each student plays role *A* and *B* in turn with his neighbour following the pattern below.

Homework. Write a dialogue following the pattern below.

A	B
Ask how B's mother is.	Say she is not very well these days.
Ask if it's anything serious.	Say she's only got the 'flu.
Ask B if he/she has called the doctor.	Say he came yesterday.
Ask if the doctor gave her anything.	Yes (say what).
Suggest she'll be better soon.	Agree. Suggest what may do her good.
Convey your good wishes to B's mother.	Thank A.

2 *Fluency practice/Construction of phrases*

Class working in pairs. Taking it in turn with your neighbour, ask and answer questions choosing different phrases from the boxes each time.

Homework. Write a series of short 'exchanges' choosing different phrases from the boxes each time.

A	B	A
Come sta? Come va la salute? Come si sente oggi?	Sto bene, grazie. Va meglio, grazie. *Mi sento bene, grazie.*	Meno male, son contento/a.

	Ho un brutto raffreddore.
	Ho l'influenza.
	Ho mal di testa.
	    stomaco.
	    denti.
	    gola.
		Oh, mi dispiace. Perchè non si corica?
		prende un'aspirina?
		chiama il medico?

3 *Reading comprehension*

Class working in pairs. In turn, ask your neighbour the questions below and write down his/her answers.

Homework. Read the questions and write down your answers.

Do you lead a healthy life? Answer *sì* or *no*.

	A	B

1 Lei si alza prima delle sette?
2 Fa ginnastica prima di colazione?
3 Mangia qualcosa a colazione?
4 Va al lavoro a piedi?
5 Mangia della frutta fresca a pranzo?
6 Fuma?
7 Beve vino o liquori fuori pasto?
8 Guarda la televisione più di due ore al giorno?
9 Fa un pasto abbondante alla sera?
10 Va a letto dopo mezzanotte?
11 Dorme almeno sette ore?

Punteggio: Per vedere chi conduce una vita più salubre, calcolate un punto per ogni *sì* alle domande 1, 2, 3, 4, 5, 11 e per ogni *no* alla domande 6, 7, 8, 9, 10. Più alto è più salubre è la vita che conducete.

EXPLANATIONS

1 Irregular verb *Fare* = to do, to make

faccio	facciamo
fai	fate
fa	fanno

Past participle: fatto

Prepositions + Infinitive

Before, instead of, after, without require the **-ing** form of the verb in English. In Italian *prima di, invece di, dopo, senza* require the infinitive. *Prima di* and *invece di* require *di* in all cases, but *dopo* and *senza* require *di* only if a disjunctive pronoun follows (*dopo di lei, senza di loro*).

4

Neutral *lo*

Lo can be used as an invariable pronoun referring to a noun or a quality
mentioned beforehand.

5 cinque

MOTORING

1	*A*	Attento/a alla curva!
2	*B*	Sto cercando di sorpassare l'autocarro.
3	*A*	Se corre così prenderà una multa.
4	*B*	Sto andando appena ai 60 chilometri all'ora.
5	*A*	Poco fa stava andando ai 100 all'ora.
6	*B*	Siamo in ritardo. I suoi conoscenti ci aspettano.
7	*A*	È meglio arrivare tardi, ma sani e salvi.
8	*B*	Guidare lentamente mi stanca.
9	*A*	Eccoci in città. Attento/a al semaforo!
10	*B*	Accidenti, sta per cambiare.
11	*A*	Bravo/a, è una bella frenata!
12	*B*	Sì, ma siamo un po' sulle strisce.
13	*A*	Che cosa vuole da noi il vigile adesso?
14	*B*	Brutto segno. Sta venendoci incontro col taccuino aperto.

SPEECH PATTERN DRILLS

The Gerund

1 *Mapping the way*

A

Si arriva a Perugia
uscendo dall'autostrada . . .
attraversando questo ponte . . .
andando avanti per 5 chilometri . . .
voltando nella strada di Firenze . . .
salendo su questa collina . . .
continuando poi fino a Perugia.

B

Si arriva
uscendo dall'autostrada . . .
attraversando questo ponte . . .

2 A

È caduto
entrando nel garage.
uscendo dalla stazione di servizio.
attraversando il passaggio a livello.
salendo sull'autocarro.
scendendo dal furgoncino.

B

Come ha fatto a cadere
entrando nel garage?

¡tare + Gerund

¡t the garage

3 A In questo momento
stanno pulendo le candele.

B *Stanno pulendo le candele?*
Allora ripasserò più tardi.

In questo momento
stanno pulendo le candele.
riparando il clacson.
aggiustando lo sterzo.
provando il volante.
saldando il radiatore.
cambiando il carburatore.
regolando la frizione.
esaminando i freni.

cleaning the sparking plugs
repairing the horn
adjusting the steering
testing the steering wheel
welding the radiator
changing the carburettor
adjusting the clutch
examining the brakes

4 *A* Sta verificando la pressione?

B Sì, sto verificando la pressione, ma ho quasi finito.

Sta verificando la pressione?	*pressure*
cambiando la ruota?	*wheel*
controllando la benzina?	*petrol*
ricaricando la batteria?	*battery*
regolando l'acceleratore?	*accelerator*
esaminando le valvole?	*valves*
aggiustando il tergicristallo?	*windscreen wiper*
riparando la carrozzeria?	*car body*

5 *Police enquiry*

A Ha notato che mancava la radio dopo aver riparato il cambio?

B No, mentre stavo riparando il cambio.

Ha notato che mancava la radio dopo aver riparato ii cambio?	*gear-box*
controllato le marce?	*gears*
aggiustato la retro-marcia?	*reversing gear*
cambiato i fari?	*headlights*
verificato l'accensione?	*ignition*
regolato la sospen-sione?	*suspension*
esaminato le gomme?	*tyres*
smontato l'avvia-mento?	*starter*
pulito il parabrezza?	*windscreen*
saldato la targa?	*number plate*
aperto il cofano?	*bonnet*

Gerund + pronouns

6 *A*

B

Dovrebbe cambiare l'olio.
lavare la macchina.
riparare lo sterzo.
esaminare le candele.
spolverare i sedili.
cambiare la ruota.

Sto cambiandolo in questo momento.

5

7 *A*   *B*

> Non hanno ancora
>   parlato a Rosina?
>   parlato a Franco?
>   telefonato a Maria?
>   telefonato a Enrico?
>   scritto a Cristina?
>   scritto a Carlo?
>   risposto a Teresa?
>   risposto a Luigi?

Stanno parlandole ora.

8 Stare + gerund

A   *B*

> Ha verificato la pressione?
>   regolato l'acceleratore?
>   esaminato le valvole?
>   cambiato i fari?
>   ricaricato la batteria?
>   aggiustato il tergicristallo?
>   controllato le marce?
>   riparato i freni?

Sto verificandola adesso.

5

TRANSITION TO FREE CONVERSATION FROM DIALOGUE

Lines 1–2   **Reminder**: *Alberto è in macchina con Bruno che sta guidando e gli grida*: Attento alla curva! *Bruno dice:* sto cercando di sorpassare l'autocarro.

Questions   **transitional**: Alberto e Bruno sono nell'autobus? Sono in curva in questo momento? Bruno sta sorpassando? Chi c'è in macchina con lui? Chi sta guidando? Di chi è la macchina? Che cosa grida Alberto? A chi grida di fare attenzione alla curva? Che cosa sta cercando di fare Bruno? **to initiate free conversation**: Lei guida la macchina? Ha mai preso lezioni di guida? Le piace viaggiare in città? C'é molto traffico vicino a casa sua? Chieda al suo vicino se viene a scuola a piedi, in macchina o in autobus (dove lo prende? quanto costa? è frequente nell'ora di punta?), se prende qualche volta il taxi (costa molto? dà la mancia? lo trova facilmente vicino a casa sua?).

Lines 3–5   **Reminder**: *Alberto dice*: Se corre così prenderà una multa. *Bruno*: Sto andando appena ai 60 chilometri all'ora. *Albèrto*: Poco fa stava andando ai 100 all'ora.

Questions   **transitional**: Prenderà una multa Bruno? Chi dice che Bruno prenderà una multa? Chi prenderà una multa? Che cosa prenderà Bruno? Perché? Adesso sta andando agli 80 chilometri all'ora? Chi sta andando ai 60 all'ora? A che velocità sta andando Bruno? Poco fa a che velocità stava andando? **to initiate free conversation**: Ha mai preso una multa lei? o un suo amico? (quando? perchè? l'ha pagata subito, senza discutere?) (Se no, per quale regione si può prendere una multa?) Chieda al suo vicino se ha mai visto/avuto un incidente (per eccesso di velocità/per superamento in curva/ci sono stati dei feriti? danni alla macchina?), se ha mai viaggiato in macchina in un paese straniero (su che lato della strada? c'era molto traffico? le regole erano diverse?) se sa a quanti chilometri all'ora si può andare in città, sull'autostrada (etc.).

SUPPLEMENTARY PRACTICE

Conversational exchanges

1 *A*   Ha dato gli esami di guida?
  B   Li darò la settimana entrante.
  A   Ha delle buone probabilità di passare?
  B   Spero di sì. Ho proprio bisogno della patente.

2 *Alla stazione di servizio*
  A   Faccia il pieno, per favore.
  B   Controlliamo anche l'olio e la pressione?
  A   Grazie, non occorre. Come si va a Crema da qui?
  B   Vada in direzione di Firenze, poi prenda l'autostrada di Milano.

3 *A*   Questa è una via a senso unico.
  B   Ma io non sto viaggiando, sono fermo.
  A   Lo vedo, ma è vietata la sosta qui.
  B   Scusi, non avevo fatto attenzione.
  A   Mi faccia vedere la patente.

Chain exchanges

1 *A*   Quanti chilometri ci sono da qui a Genova?
  B   Sto guardando sulla carta, ma non è chiaro. (*to C*) Quanti . . . *etc.*

2 *A*   È riuscito/a a vedere il numero di targa della motocicletta?
  B   Purtroppo no. Andava troppo in fretta. (*to C*) È riuscito/a . . . *etc.*

5

Other possible work in class or at home

1 *Guided dialogue*

Class working in pairs. Each student plays role A and B in turn with his neighbour following the pattern below.

Homework. Write a dialogue following the pattern below.

A	B
Say that you'd like to hire (*noleggiare*) a car.	Ask for how long.
Say how long for.	Ask what make.
Say which make.	Tell A the tariff (*tariffa*).
Is there a deposit to pay.	Yes. 50.000 lire.
When can I have the car?	When you wish, even now.
Say when you'll come to collect it.	Say that you'll need to see *A*'s driving licence and a passport or other document.

2 *Dialogue construction*

Class working in pairs. Take it in turn with your partner to construct a dialogue choosing phrases or cues from each box.

Homework. Write two or three dialogues choosing phrases or cues from each box.

At the garage

A	B
Vuol vedere la mia auto? C'è qualcosa che non va. Ho una gomma bucata. Può ripararla? Mi faccia il pieno per favore. Vorrei 20 litri di normale/di super.	Ecco fatto. Le controllo anche la batteria/l'olio/l'acqua?

A	B
Sì,.grazie. Può mostrarmi sulla carta topografica la strada per Aosta/per arrivare alla frontiera?	Vada sempre avanti. Prenda la strada di Torino. Al quinto chilometro volti a sinistra. Quando arriva all'incrocio prenda la strada a destra.

A
Repeat or recap B's instructions.

3 *Reading comprehension*

Homework. Can you guess what is being advertised here? (See answer on page 150.)

Se non t'importa che ora è
se hai scoperto che esistono ancora le margherite
se tutte le ragazze ti sembrano carine
se non invidi due che si baciano
se i tranquillanti sono un'invenzione inutile per te
se andare in macchina è ancora un piacere
se la vita è bella e tutto va bene
vuol dire che forse anche tu ne hai una!

SE NON L'HAI ANCORA, PERCHE RESISTERE?

Fatti trasportare dal successo anche tu!

Se ce ne sono centinaia di migliaia in Italia, il motivo è chiaro:

Soddisfa le esigenze di tutti, giovani e meno giovani.
Richiede poca spesa di mantenimento.
È capace di partenze brillanti e medie orarie notevoli.

Venite a provarla senza alcun obbligo
dal nostro Agente Concessionario di via Marconi 10.

Vedrete che i chilometri costano meno con una 'Delta-Robbia'.
La vita è più bella su quattro ruote!

EXPLANATIONS

1 The Present Participle

In Italian the Present Participle is mainly used **as an adjective**, e.g.

Infinitive	Pres. Participle	Examples
rassicurare	rassicurante	un aspetto rassicurante
precedere	precedente	le macchine precedenti
seguire	seguente	l'incrocio seguente

or **as an adjectival phrase**, equivalent to a relative phrase (e.g. *la busta contenente i documenti*), although in Italian a relative phrase is usually preferred: *la busta che contiene i documenti*.

The Present Participle is also used **as a noun:**

Infinitive	Pres. Participle	Examples
passare	passante	un passante
conoscere	conoscente	i nostri conoscenti

N.B. Verbs with an irregular Infinitive form the Present Participle from the same stem as the Imperfect: condurre—conducente. But essere—ente (institution).

2 The Gerund

Infinitive	Gerund	
	Single	Compound
guidare	guidando	avendo guidato
prendere	prendendo	avendo preso
uscire	uscendo	essendo uscito
essere	essendo	essendo stato
avere	avendo	avendo avuto

The Gerund is used in a proper **Verbal function:**
   la incontro sempre uscendo dal garage
and often corresponds to the English on, by, in, . . . -ing:
   guidando in fretta arriveremo prima
by driving fast we'll arrive earlier

N.B. a) In Italian, an Infinitive is used when an English -ing form
has the function of a subject, an object or a predicate:
guidare bene richiede molta attenzione
driving well requires a lot of attention

b) The Italian Infinitive is also used to express an English sentence starting with 'after, before, without, instead of + -ing':
dopo aver guidato per ore, ...
after having driven for hours, ...

3 Stare + Gerund

The Gerund is frequently used in combination with Stare to express
the fact that an action is/was actually taking place this/that moment:
Non disturbatemi: sto lavorando.
Non potevo risponderle perchè stavo telefonando.

4 Gerund + pronouns

Object pronouns are attached to the end of Gerunds:
Stanno parlandogli ora.

5 Stare per + infinitive

= to be about to
e.g. *Sto per uscire* (I am about to go out)

6 sei

Imperative
Irregular imperative
Negative Imperative
Imperative + object pronouns
Di', da', fa', sta', va' + object pronouns

PICNIC AND CAMPING

1 *A* Ci fermiamo qui?
2 *B* Sì, fermiamoci qui.
3 *A* Non sarebbe meglio andare sotto l'albero?
4 *B* Forse hai ragione.
5 *A* Devo aiutarti a tirar giù il canestro?
6 *B* No, grazie. Prepara piuttosto il fornello.
7 *A* Bruno/a, non mettere i piatti sull'erba!
8 *B* Dove li metto?
9 *A* Mettili sulla tovaglia.
10 *B* Speriamo di avere abbastanza da mangiare.
11 *A* Basterà certamente. Dove sono i fiammiferi?
12 *B* Accidenti, li abbiamo dimenticati.
13 *A* Non importa. Dammi l'accendino.
14 *B* Strano, avevo portato un apriscatole, e non lo trovo.
15 *A* È qui nel canestro.

SPEECH PATTERN DRILLS

Imperative

1 *Base your response on B in the example.*

A Ora guida tu, Carlo.　　　　　*B Ora non posso. Guida tu, per favore.*

6

1 Ora guida tu, Carlo.
2 Per favore, Carlo, chiudi il finestrino.
3 Se non ti dispiace, apri la portiera.
4 Ora prepara la merenda.
5 Vedi se c'è tutto.
6 Adesso servi l'insalata.

2 *A*

Devo guidare io?
chiudere io?
aprire io?
preparare io?
vedere io?
servire io?

B

Sì, guida tu, se vuoi.

3 *A*

Su, continuiamo la passeggiata!
prendiamo una fotografia!
puliamo la macchina!
accendiamo il fornello!
finiamo la partita a carte!

B

Continuatela pure senza di me.

4 *A* Quando possiamo cominciare noi?
  A E i nostri amici, quando possono cominciare?

  B *Comincino* pure ora.*
  B *Comincino pure ora.*

  1 Quando possiamo cominciare noi?
  2 E i nostri amici, quando possono cominciare?
  3 Quando possiamo chiudere noi?
  4 E i nostri amici, quando possono chiudere?
  5 Quando possiamo partire noi?
  6 E i nostri amici, quando possono partire?

5 *A* Abbi pazienza, Franco; e lei abbia pazienza.
  A Vieni qui, Franco; e lei, per favore, venga qui.

  B *Anche lei abbia pazienza.*
  B *Anche lei venga qui.*

  1 Abbi pazienza, Franco; e lei abbia pazienza.
  2 Vieni qui, Franco; e lei, per favore, venga qui.
  3 Sta' ad ascoltare, e lei stia ad ascoltare.
  4 Sii buono; e lei, signore/a, sia buono/a.
  5 Di' la verità; e lei dica la verità.
  6 Da' una spiegazione; e lei dia una spiegazione.
  7 E adesso va' a casa, Franco; e lei vada a casa.

*This will emphasis the fact that the *formal* second person and the third person are identical. The drill could also be repeated answering with the *familiar* second person *cominciate* when applicable.

45

6

Negative imperative

6 *Little horror*

A   B

> Guarda, Dino sta camminando sull'erba.   *Dino, non camminare sull'erba!*
> molestando le mucche.
> giocando col cavatappi.
> toccando il fornello.
> rovesciando l'immondizia.
> scuotendo la tenda.
> rincorrendo i pulcini.
> correndo attorno alla roulotte.

7 *A* Scusa Mario, posso pagare adesso?   *B No, non pagare ancora.*
   A Scusi signore/a, posso pagare adesso? *B No, non paghi ancora.*

   1 Scusa Mario, posso pagare adesso?   *4* Scusi signore/a, posso chiudere adesso!
   2 Scusi signore/a, posso pagare adesso? *5* Scusa Maria, posso aprire adesso?
   3 Scusa Mario, posso chiudere adesso?   *6* Scusi signore/a, posso aprire adesso?

Imperative + object pronouns

8 *A* Posso comprarlo, Mario/a?   *B Sì, compralo pure.*
   A Scusi signore/a, posso comprarlo?   *B Sì, lo compri pure.*

   1 Posso comprarlo, Mario/a?   *5* Posso aprirli, Mario/a?
   2 Scusi signore/a, posso comprarlo?   *6* Scusi signore/a, posso aprirli?
   3 Posso vederla, Mario/a?   *7* Posso guardarle, Mario/a?
   4 Scusi signore/a, posso vederla?   *8* Scusi signore/a, posso guardarle?

Di', da', fa', sta', va' + object pronouns

9 *A* Stammi a sentire.   *B Stammi a sentire anche tu.*

   1 Stammi a sentire.   *5* Dille la verità.
   2 Fammi un favore.   *6* Dalle le notizie.
   3 Falle una sorpresa.   *7* Vacci domani.
   4 Valla a visitare.   *8* Stacci tutto il giorno.

TRANSITION TO FREE CONVERSATION FROM DIALOGUE

Lines 1–4   **Reminder:** *Alberta a Bruna fanno un picnic. Alberta dice:* Ci
fermiamo qui? *Bruna risponde:* Sì, fermiamoci qui. *Alberta:*
Non sarebbe meglio andare sotto l'albero? *Bruna:* Forse
hai ragione.

Questions   **transitional:** Fanno un picnic Alberta e Bruna? Alberta dice che sarebbe meglio andare sotto il ponte? Chi suggerisce di andare sotto l'albero? Dove sarebbe meglio andare? Non sarebbe meglio fermarsi qui? Perchè? Chi dice che Alberta ha ragione? Che cosa dice Bruna?

to initiate free conversation: Lei ha fatto un picnic recentemente? (Sì? quando, dove, con chi, che cosa ha mangiato e bevuto? si è divertito?/No? le piacerebbe andare a fare un picnic, in che periodo, dove, ecc.?) Chieda al suo vicino se ha mai mangiato/se gli piacerebbe mangiare in un ristorante all'aperto, se preferisce stare all'ombra o al sole. (etc.).

Lines 5–6   **Reminder:** *Alberta chiede:* Devo aiutarti a tirar giù il canestro? *Bruna risponde:* No, grazie. Prepara piuttosto il fornello.

Questions   **transitional:** Alberta deve aiutare Bruna a tirar giù il canestro? Che cosa deve fare? Chi prepara il fornello? Che cosa prepara Alberta? Chi tira giù il canestro, secondo lei? Bruna vuole essere aiutata? Che cosa ordina a Alberta?

to initiate free conversation: Lei vuole essere aiutato/quando prepara qualcosa da mangiare/quando fa i preparativi per una gita/un viaggio? Chieda al suo vicino se è mai andato in campeggio (se sì, che cosa si è portato? aveva la macchina? la tenda?) (se no, accetterebbe l'invito di un amico che sta per andarci? che cosa vorrebbe portarsi? che cosa chiederebbe all'amico di preparare e di portare?).

SUPPLEMENTARY PRACTICE

Conversational exchanges

1 *A* Va bene qui la roulotte?
  B Sì, qui possiamo anche mettere la tenda.
  A E i rifiuti, dove li gettiamo?
  B Mettili nel bidone dietro al cespuglio.

2 *A* Pierino, porta qui il thermos.
  B Occorre anche l'apriscatole?
  A Per adesso no. Mi occorre un cavatappi.
  B Il cavatappi non c'è. Adopera il coltellino.   47

3   *A*   Apro il tavolino pieghevole?

     B   Sì, aprilo, e va' a prendere le sedie.

     A   Lo accendi tu il fornello?

     B   Non posso. È finito lo spirito.

4   *A*   Domanda al contadino se vende il latte.

     B   Non ci sono mucche in questa cascina.

     A   Ho visto che c'è una stalla.

     B   Ci sono soltanto capre, pecore e galline.

     A   Allora chiedigli se vende le uova.

Chain exchanges

1   *A*   Noi andiamo alla gita. Venga anche lei!/Vieni anche tu!

     B   Grazie, vengo volentieri. (*to C*) Noi andiamo . . . *etc.*

2   *A*   Lei sa chi è il proprietario del camping?

     B   No, non lo so. Chiediamo a questo/a signore/a. (*to C*) Lei sa . . . *etc.*

3   *A*   Lei ha voglia di accendere il fornello?

     B   Io no. Lasciamolo accendere da qualcun altro. (*to C*) Lei ha . . . *etc*

Other possible work in class or at home

1 *Fluency practice/Construction of phrases*

  Class working in pairs. Take turns with your partner to ask and answer questions choosing different phrases from the boxes each time.

  Homework. Write a few short 'exchanges' choosing different phrases from the boxes each time.

A

Possiamo
mettere qui la tenda?
parcheggiare qui la roulotte?
stendere qui la biancheria?
buttare qui l'immondizia?

B

Non so, domandi in ufficio al proprietario.

6

A

> Dove potrei comprare
> dei sandwich?
> un thermos?
> qualcosa contro le mosche?
> vespe?
> zanzare?
> formiche?

B

> Troverà . . . nel negozio del campeggio.

2 Reading comprehension

Class working in pairs. Read the dialogue below to your partner, who will try to guess what A and B are talking about. (You'll find the answer on page 150.)

Homework. What is this conversation about? (Read it through and then check your answer on page 150).

A È questa, secondo te?

B Non so. È meglio consultare di nuovo la carta topografica.

A Vedi? Te l'avevo detto: non possiamo proseguire in macchina—finisce qui.

B Allora non siamo su quella giusta.

A È meglio farcela indicare da qualcuno.

B Hai ragione. Ecco un contadino. Domandiamo a lui.

3 Text completion

Written work in class or at home. Write headings and/or complete sentences incorporating the words given below, and arrange them for the cover of a magazine dealing with camping and camping equipment. Then find a title for the magazine.

> #### TITLE OF MAGAZINE
>
> 150 pagine lire 2000
> Rivista mensile   campeggio   vita all'aria aperta.
> In questo numero: "Chi cerca trova"   articolo   Aldo Rossi
> Tende   materiali vari   campeggi   novità nazionali   estere
> Idee   gite   escursioni   grandi viaggi   prezzi   indirizzi
> Annunci economici   corrispondenza   lettori

EXPLANATIONS

1 Imperative (for orders, exhortations, pleas, advice)

		guidare	chiudere	aprire
singular				
1	io	—	—	—
2	tu (famil.)	guida	chiudi*	apri*
	lei (formal)	guidi	chiuda	apra
3	lui/lei	guidi	chiuda	apra
plural				
1	noi	guidiamo*	chiudiamo*	apriamo*
2	voi (famil.)	guidate*	chiudete*	aprite*
	loro (formal)	guidino	chiudano	aprano
3	loro	guidino	chiudano	aprano

*These forms are the same in the Present Indicative tense.
N.B. Often the *subject* pronouns follow the verb in the Imperative
(e.g. apra lei! = you open!)

2 Irregular imperatives

	essere	avere	andare
sing.			
1	—	—	—
2 (fam)	sii	abbi	va'
3	sia	abbia	vada
plur.			
1	siamo	abbiamo	andiamo
2 (fam)	siate	abbiate	andate
3	siano	abbiano	vadano
e.g.	sii buono	abbi pazienza	va' adagio

	venire	dire	dare
sing			
1	—	—	—
2 (fam)	vieni	di'	da'
3	venga	dica	dia
plur.			
1	veniamo	diciamo	diamo
2 (fam)	venite	dite	date
3	vengano	dicano	diano
e.g.	vieni qui	di' la verità	da' ascolto

	fare	*stare*	*sapere*
sing.			
1	—	—	—
2 (fam)	fa'	sta'	sappi
3	faccia	stia	sappia
plur.			
1	facciamo	stiamo	sappiamo
2 (fam)	fate	state	sappiate
3	facciano	stiano	sappiano
e.g.	fa' presto	sta' zitto	sappi aspettare

3 Negative imperative

The negative imperative of the 'familiar' second person singular is formed with *non* + infinitive (e.g. non fumare). For the other persons (including of course the 'courtesy' form of the second person singular) the negative imperative is formed as usual by placing *non* before the verb (e.g. non fumi!).

4 Imperative + object pronouns

Object Pronouns are attached to the end of the second person (singular & plural) and of the first person plural.

In the other persons, however, Object Pronouns precede the verb.

Second sing.
(famil.)   aprilo (neg: non aprirlo)

First plur.   apriamolo (non apriamolo)
Second plur. apritelo (non apritelo)

Second sing.
(courtesy form) } lo apra
Third sing.   } (non lo apra)

Third plur.
(courtesy form) } lo aprano
Third plur.   } (non lo aprano)

5 Di' da' fa' sta' va' + object pronouns

All object pronouns, excepting *gli*, double their initial consonant when attached to the imperative of one syllable (occurring in the familiar second person singular.)

7 sette

Double pronouns

HOME/FLAT

1 *A*   Buon giorno. Ho telefonato stamattina per vedere l'appartamento.
2 *B*   Ah, buon giorno, signor/a Anselmi. Venga avanti.
3 *A*   (*showing a very full shopping bag*) Lascio la borsa nell'ingresso?
4 *B*   Me la dia. La metto sulla cassapanca. Ecco, questo è il soggiorno.
5 *A*   Bello. Mi piace com'è ammobiliato.
6 *B*   Tutti i mobili sono nuovi, anche qui nella camera da letto.
7 *A*   E questa di fronte, è la sala da pranzo?
8 *B*   Sì, eccola. Questo sportello comunica con la cucina.
9 *A*   C'è il riscaldamento dell'acqua in cucina?
10 *B*   Certo. Venga, glielo faccio vedere.
11 *A*   Riscalda anche l'acqua del bagno?
12 *B*   Sì, ma non è un bagno, è una doccia.
13 *A*   Quant'è l'affitto?
14 *B*   Trecentomila lire al mese.
15 *A*   Va bene, ne parlerò con mio marito/mia moglie e le farò sapere qualcosa.
16 *B*   Me lo faccia sapere appena possibile.
17 *A*   Senz'altro, signor/a Borello. Arrivederla.

7

SPEECH PATTERN DRILLS

Double Object Pronouns

1 *A*

> Quando me lo dici? (dice?)
>   me la porti? (porta?)
>   me li dai? (dà?)
>   me lo lasci? (lascia?)
>   me la ripari? (ripara?)
>   me li presti? (presta?)
>   me le ritorni? (ritorna?)

B

Te lo dico (Glielo dico) stasera.

2 *A*

> Vuol vedere l'appartamento?
>   la soffitta?
>   i mobili?
>   le scale?
>   il pianterreno?
>   la cantina?
>   la cantina?
>   i tappeti?
>   le camere?

B

Sì, me lo faccia vedere, per favore.

3 *A*

> Ecco lo specchio. Glielo porta lei?
>   la chiave. Gliela porta lei?
>   i quadri. Glieli porta lei?
>   le lampade. Gliele porta lei?
>   il materasso. Glielo porta lei?
>   la coperta. Gliela porta lei?
>   i cuscini. Glieli porta lei?
>   le lenzuola. Gliele porta lei?

B

Sì, glielo porto io.

4 *A*

> Puoi passarmi il martello, per favore?
>   prestarmi la scopa,
>   portarmi il cacciavite,
>   darmi la chiave,
>   ripararmi la serratura,
>   cambiarmi il vetro,
>   accendermi il gas,
>   spegnermi la luce,

B

Te lo passo subito.

5 *A*

Può mandarmi un tostapane?
una grattugia?
sei piatti?
due casseruole?
un portauova?
una teiera?
due coltelli grandi?
sei salviette?

B

Certamente. Glielo mando subito.

6 *A*

Quando dovete darglielo?
lasciarglielo?
dargliela?
lasciargliela?
darglieli?
lasciarglieli?
dargliele?
lasciargliele?

B

Dobbiamo darglielo adesso.

7 *A*

Può portarmelo questa sera?
mandarmelo
portarmela
mandarmela
portarmeli
mandarmeli
portarmele
mandarmele

B

No, (ma) posso portarglielo domani.

8 *A*

Vuole portarmi un cuscino?
portargli una coperta?
portarmi degli asciugamani?
portargli un materasso?
portarle delle federe?

B

Va bene, glielo porto subito.

9 *Bravo Enrico!*

A	B
Chi ci riparerà l'interruttore? la stufa elettrica? i rubinetti? le persiane? l'aspirapolvere? la lavatrice? i termosifoni? le lampade? l'ascensore?	*Ce lo riparerà Enrico.*

10 A

B

A	B
Aspettiamo ancora l'armadio. la poltrona. gli scaffali. le sedie. il fornello elettrico. la lavatrice. l'aspirapolvere. le pentole.	*Ve lo portiamo stamattina.*

11 A

B

A	B
Non dimentichi di portare il catalogo ai miei amici. la bilancia i cuscini le coperte il sofà la caffettiera i piatti le forchette	*Va bene, glielo porterò domani.**

* *Lo porterò loro domani*, though correct, would sound pedantic. *Loro* is not frequently used as an object pronoun in the spoken language; *gli* is used instead, both for masculine and feminine.

7

TRANSITION TO FREE CONVERSATION FROM DIALOGUE

Line 1 **Reminder**: *La signora Anselmi vuole affittare un apparta-mento della signora Borello e le dice:* Buon giorno. Ho telefonato stamattina per vedere l'appartamento.

Questions **transitional**: La signora Anselmi ha telefonato ieri pomerig-gio? A chi ha telefonato? Perchè ha telefonato? Vuole vedere la signora Borello? Ha già visto l'appartamento? Di chi è l'appartamento?

to initiate free conversation: Lei telefona per vedere un appartamento: che cosa dice? (dica il numero ad alta voce mentre lo fa, dica il suo nome e cognome, chieda l'indirizzo e spiegazioni per arrivarci, ecc.). Chieda al suo vicino di prenotare una camera in albergo per telefono (il portiere dell'albergo che risponde al telefono è un terzo studente).

Lines 3–(4) **Reminder**: *La signora Anselmi ha una borsa pesante e chiede:* Lascio la borsa nell'ingresso? *La signora Borello risponde:* Me la dia, la metto sulla cassapanca.

Questions **transitional**: La signora Anselmi vuole tenere la borsa? Dove vuole lasciarla? Che cosa dice la signora Borello? A chi dà la borsa la signora Anselmi? Gliela dà o gliela prende? Dove mette la borsa la signora Borello? La mette per terra? La dà a suo marito?

to initiate free conversation: Lei ha una borsa molto pesante oggi? (Sì? Perchè? Dove l'ha messa?) (No? Che cosa porta quando viene a lezione d'italiano? Dove lo porta? in mano/in borsa/in una cartella?) Chieda al suo vicino se gli piace andare a fare la spesa per mangiare, che cosa compra, come porta la roba a casa. (etc.)

Lines (4)–6   **Reminder**: *La signora Borello fa vedere l'appartamento:* Ecco, questo è il soggiorno. *La signora Anselmi commenta:* Bello. Mi piace com'è ammobiliato. *La signora Borello:* Tutti i mobili sono nuovi, anche qui nella camera da letto.

Questions   **transitional**: Alla signora Anselmi piace il soggiorno? Che cosa le piace del soggiorno? I mobili sono nuovi o vecchi? Tutti i mobili sono nuovi o solo qualcuno? E quelli della camera da letto? Alla signora Anselmi piacciono i mobili nuovi?

Lines 7–(8)   **Reminder**: *La signora Anselmi domanda:* E questa di fronte, è la sala da pranzo? *La signora Borello:* Sì, eccola.

Questions   **transitional**: La signora Anselmi chiede se questa di fronte è la cucina? Che cosa chiede? Dov'è la sala da pranzo? Che cosa fa vedere la signora Borello alla signora Anselmi? **to initiate free conversation**: Lei immagini di voler affittare un appartamento ammobiliato per le vacanze. Quante stanze vuole? Che tipo di mobili? Colore di tappezzeria e tappeti? A che piano? Che prezzo? Chieda al suo vicino com'è la sua casa/il suo appartamento/una stanza della sua casa (che mobili ci sono, quadri, finestre, vista etc.)

SUPPLEMENTARY PRACTICE

Conversational exchanges

1 *A* Io vivo con la mia famiglia, e lei?
  B Io abito in una camera ammobiliata.
  A È facile trovare una camera ammobiliata?
  B No, ma questa me la affitta una mia conoscente.

2 *A* Abita qui anche lei?
  B Sì, abito al secondo piano.
  A La sua camera dà sulla via, vero? Non è rumorosa?
  B Non me lo dica! La notte non riesco a dormire.

3 *A* Gliel'ho detto che mia sorella trasloca?
  B Sì, me l'ha detto. Compra un appartamento?
  A No, lo affitta.
  B È comodo il nuovo appartamento?
  A Sì, ha il riscaldamento centrale e doppi servizi.

4 *A* E la pulizia, chi viene a fargliela?
  B Viene una donna due ore al giorno.
  A Che cosa fa, spolvera e passa l'aspirapolvere?
  B Sì, e lava e stira e fa anche i letti.

Chain exchanges

1 *A* Lo sa che oggi l'ascensore non funziona?
  B No, non me l'hanno detto. (*to C*) Lo sa che . . . *etc.*

2 *A* (*holding a sample of wallpaper*) Questa è la tappezzeria che la
      signora Riccardi ha comprato per la camera da letto.
  B Ah, sì, me l'ha fatta vedere. (*to C*) Questa è . . . *etc.*

3 *A* (*holding a photograph*) Questa è l'altra villa della proprietaria.
  B Bella! La faccio vedere anche agli altri?
  A Sì, gliela faccia vedere.
  B (*to C*) Questa è l'altra villa . . . *etc.*

Other possible work in class or at home

1 *Conversation/Dialogue construction*

Class working in pairs. Taking turns with your partner, ask and answer questions about your homes using the pattern below as a guide.

Homework. Write a dialogue using the pattern below as a guide.

In che via ⎱ abita lei? Dove ⎰	È da molto che abita lì?	Vive da solo/a o con la famiglia?
Abita in una camera?	È una camera grande? A che piano è? Ha un balcone? Ha la radio? Ha la televisione?	Come riscalda la camera? Può ⎰ far da mangiare? ⎱ cucinare nella camera? Che cos'ha per cucinare? Ha abbastanza ⎰ armadi? ⎱ scaffali?
Abita in ⎰ una casa? un apparta- mento?	È una casa grande? È un appartamento moderno? Quante camere ⎰ ha? ⎱ ci sono? Ha un giardino? Ha un garage? Ha il bagno o la doccia?	Che tipo di riscaldamento ha? Ha una cucina grande dove si può anche mangiare? Viene qualcuno a farle la pulizia?

2 *Reading comprehension*

Class working in pairs. Read the advertisements below to your partner, who will try to guess what the products advertised are. (Answers on page 150.)

Homework. Can you guess what the products advertised are? Use a dictionary if necessary. (Answers on page 150.)

a)

> Cosa c'è dentro **BELLALBA**?
> **BELLALBA** è ricca, sana, genuina, e non ha segreti.
> È fatta di solo olio di semi di granturco.
> **BELLALBA** è buona, fa bene, e si spalma facilmente.

Che cos'è: Sapone? Condimento per pastasciutta? Margarina? Olio per insalata?

b) In **ZORRO** troverete la qualità di ieri e le idee di domani.
Avrete in cucina un elettrodomestico elegante con un totale di
200 litri di capacità nelle sue due sezioni, fatto per durare a lungo
nella vostra casa e nella vostra stima. Potrete conservare per
mesi e mesi le vostre provviste culinarie.

Che cos'è: Un frigorifero? Un frigo-congelatore? Una lava-
stoviglie? Una lavabiancheria?

c) **ONDETTA** non cigola, non arrugginisce, è elastica, economica,
indistruttibile.
Il materiale impiegato è della più alta qualità.
Offriamo dodici modelli per ogni gusto e fabbisogno.
Nel modello **ONDETTA 12** potete regolare l'elasticità a vostro
piacimento per assicurarvi un sonno perfetto.
Evitate le imitazioni!
Tutti i nostri modelli recano il marchio **ONDETTA**.

Che cos'è: Una carrozzina per bambini? Un materasso a molle?
Una rete metallica per letto? Un sofà? Una poltrona?

3 *Dictation/Conversation*

Class working in pairs. Dictate to your partner the table below (you
may need to use the word *colonna* when referring to the various
columns of carbohydrates, etc.). During the dictation, or when
finished, your partner may wish to check some entries by asking, for
example, "*Quante calorie ci sono in 100 grammi di cervello di vitello?*",
etc.

Alimento	Carboidrati	Calorie	Proteine	Grassi
		(ogni 100 grammi)		
Carne di manzo in scatola	0,39*	80	16,5	1,3
Carne di maiale	0,5	304	16	26,5
Cervello di vitello	0,9	122	10	8,3
Formaggini	6,1	293	14,4	23,6
Lingua in scatola	0,7	147	12,6	10,4
Pesci	0,1	93	16	3,2
Prosciutto	0,2	345	15,2	31
Uova	0,07	162	12,8	11,5

zero virgola trentanove

4 Text editing

Written work in class or at home. What are these people looking at? The text will be clearer if this missing noun is used explicitly at the appropriate places. Rewrite the dialogue and check the answer on page 150.

A Ha ancora l'aspirapolvere che è indicato col numero venti?
B Sì, troverà la descrizione e il prezzo nella sezione elettrodomestici.
A Vorrei confrontare questo modello con altri a minor prezzo.
B Ecco, guardi qui; ci sono i prezzi di tutti i modelli.
A Ma questo mi sembra quello dell'anno scorso!
B No, questo è quello nuovo, ricevuto la settimana scorsa. Ogni anno la fabbrica ce ne manda uno aggiornato.

EXPLANATIONS

Double object pronouns (indirect and direct, in the same sentence)

Indirect	*direct*	*indirect and direct together*
mi	mi	me lo, me la, me li, me le
ti	ti	te lo, te la, te li, te le
gli/le	lo/la	glielo, gliela, glieli, gliele
ci	ci	ce lo, ce la, ce li, ce le
vi	vi	ve lo, ve la, ve li, ve le
loro	li/le	lo (*verb*) loro, la (*verb*) loro, li (*verb*) loro, le (*verb*) loro

Two object pronouns (indirect and direct, in that order) may occur in the same sentence. The position of both pronouns in relation to the verb is the same as for one pronoun only (usually before the verb, but following the infinitive, gerund, and some imperatives). The indirect pronouns change the *i* into *e* when followed by a direct object pronoun. Both *gli* and *le* become *glie* and fuse with the pronoun that follows (the *glie* part standing for 'to him' 'to her' and the courtesy form of 'to you'). *Loro* (to them) remains unchanged and follows the verb as usual. N.B. In the spoken language *loro* is seldom used as an object pronoun; *gli* is used instead, both for masculine and feminine.

8 otto

Reflexive verbs and pronouns
Darsi del tu
Passive form (*è stato invitato*)

FAMILY AND FRIENDS

1   *A*   È in casa Franco?
2   *B*   No, Franco non c'è in questo momento.
3   *A*   Sa quando ritorna?
4   *B*   Non so. È stato invitato a un party.
5   *A*   Pazienza, non è importante.
6   *B*   Vuole accomodarsi? Io sono suo fratello/sua sorella.
7   *A*   Lei è Bruno/Bruna?
8   *B*   Come sa che mi chiamo Bruno/Bruna?
9   *A*   Suo fratello mi parla spesso di lei.
10   *B*   Lei è Alberto/a, vero?
11   *A*   Sì, sono Alberto/a. Beh, ora me ne vado.
12   *B*   Non si ferma a prendere un caffè?
13   *A*   No, grazie, Non si disturbi.
14   *B*   Non faccia complimenti. Anzi, perchè non ci diamo del tu?
15   *A*   Sì, certo. Diamoci del tu.
16   *B*   Allora, posso offrirti un caffè?
17   *A*   Va bene. Un caffè lo prendo volentieri.

SPEECH PATTERN DRILLS

Reflexive Pronouns before a verb

1   *A*   Io mi diverto.   *B Anch'io mi diverto.*
     A   Tu ti diverti, vero?   *B Anche tu ti diverti.*

1 Io mi diverto.	*4* Noi ci divertiamo.
2 Tu ti diverti, vero?	*5* Voi vi divertite, vero?
3 Mio fratello si diverte.	*6* I miei amici si divertono.

2 *At the party*

A Enrico non si diverte.

B *Neanch'io mi diverto.*

1 Enrico non si diverte.
2 Ai party lui non si stanca . . .
3 . . . e non si ubriaca facilmente;

4 ma questa sera non si sente bene,
5 e non si ferma fino alla fine.

Reflexive Pronouns following the Infinitive

3 *A* Dovrebbero pentirsi.

B Perchè dovrebbero pentirsi?

1 Dovrebbero pentirsi.
2 Non dovrebbero lagnarsi.
3 Dovrebbero vergognarsi.

4 Non dovrebbero vantarsi.
5 Dovrebbero scusarsi.
6 Non dovrebbero rallegrarsi.

Reflexive Pronouns following the Gerund (They could also precede the first verb, i.e. *stiamo alzandoci adesso*, or, *ci stiamo alzando adesso*.)

4 *A*

Non vi siete ancora
alzati?
lavati?
pettinati?
vestiti?
preparati?

B

Stiamo alzandoci adesso.

Reflexive Pronouns after the Imperative (1st person plural, and 2nd persons singular and plural)

5 *A*

Alzati!
Vestiti!
Pettinati!
Affrettati!
Preparati!

B

Perchè soltanto io? Alziamoci tutti!

Alzatevi!
Vestitevi!
Pettinatevi!
Affrettatevi!
Preparatevi!

Perchè soltanto noi? Alzatevi anche voi!

8

Reflexive Verbs are conjugated with the verb *essere*

6 *A*

> Vi siete divertiti?
> annoiati?
> stancati?
> arrabbiati?
> seccati?
> emozionati?

B

Eccome! Ci siamo divertiti molto.

Reflexives used for reciprocal actions (each other, one another)

7 *A* Quando vi siete incontrati, alle dieci? *B Sì, ci siamo incontrati alle dieci.*
A Quando si sono veduti, ieri sera? *B Sì, si sono veduti ieri sera.*

1 Quando vi siete incontrati, alle dieci?
2 Quando si sono veduti, ieri sera?
3 Dove vi siete trovati, alla stazione?

4 Dove si sono salutati, nella sala d'aspetto?
5 Quando vi siete sposati, in aprile?
6 Quando si sono lasciati, l'anno scorso?

Reflexive Pronouns + Object Pronouns

8 *A* Io mi sono meritato un po' di riposo *B Anch'io me lo sono meritato.*
A Tu ti sei meritato un po' di pace. *B Anche tu te la sei meritata.*

1 Io mi sono meritato un po' di riposo.
2 Tu ti sei meritato un po' di pace.
3 Egli si è meritato questi rimproveri.
4 Essa si è meritata queste parole.

5 Noi ci siamo meritati un po' di riposo.
6 Voi vi siete meritati un po' di pace.
7 Essi si sono meritati questi rimproveri.
8 Esse si sono meritate queste parole.

Reflexive Verbs with impersonal *si*

9 *A*

> È inutile lamentarsi
> ostinarsi
> arrabbiarsi
> pentirsi
> illudersi
> vergognarsi
> vantarsi
> preoccuparsi

B

È inutile, ma ci si lamenta lo stesso.

Reflexive + *ne*

10 *A* Io voglio andarmene. *B Anch'io voglio andarmene.*
A Tu vuoi andartene. *B Anche tu vuoi andartene.*

1 Io voglio andarmene.
2 Tu vuoi andartene.
3 Il mio amico vuole andarsene.

4 Noi vogliamo andarcene.
5 Voi volete andarvene.
6 I miei amici vogliono andarsene.

11 *A*

> Come, te ne vai?
> Io sì. Anche tuo fratello se ne va?
> Sì, ce ne andiamo subito. E tua
> sorella se ne va?
> Se ne andrà più tardi. I tuoi amici se
> ne vanno?

B

Certo. E tu non te ne vai?
Certo. E tuo fratello non se ne va?

Darsi del tu

At a party you meet an elderly person, a friend of your mother who has
seen you grow up. You address him/her as *lei*, and he/she uses *tu*.

12 *A* Sei arrivato/a adesso?

    B Sì, anche lei è arrivato/a adesso?

1 Sei arrivato/a adesso?
2 Sei ritornato/a dalle vacanze?
3 È la prima volta che vieni qui?

4 Sei venuto/a qui da solo/a?
5 Sei senza bicchiere?
6 È vero, tu non bevi. Preferisci il caffè?
  (Sì, Vuoi andare a vedere se ce n'è?)

B can now play the part of the elderly person, using the sentences of *A*, e.g. *A Lei*
è arrivato/a adesso?
B Sì, anche tu sei arrivato/a adesso?

Passive form

The Roccos don't seem to want to invite *B*, nor his/her friends or relatives
(and *B* knows it!)

13 *A* Io sono stato invitato/a dai Rocco.
  Anche lei è stato/a invitato/a?

    B No. Io non sono stato/a invitato/a.

1 Io sono stato/a invitato/a dai Rocco.
  Anche lei è stato/a invitato/a?
2 No?! E la sua amica è stata invitata?
3 È strano, non siete stati invitati?

4 Però i suoi fratelli sono stati invitati,
  vero?
5 Beh, sono certo/a che sarete invitati
  la prossima volta.

TRANSITION TO FREE CONVERSATION FROM DIALOGUE

Lines 1–2   **Reminder:** *Alberto va a casa di Franco, suona il campanello e*
domanda: È in casa Franco? *Bruna, la sorella di Franco,*
risponde: No, Franco non c'è in questo momento.

Questions   **transitional:** Alberto cerca Franco? Alberto parla con Franco? Franco non é in casa? Chi è in casa? Chi dice che Franco non c'è? A chi lo dice? Franco non è mai in casa?
to initiate free conversation: C'è il signor/la signora/la signorina X (say the name of one of your students)? (Sì? dov'è? Ah, buon giorno. Come sta?) (No? Non c'è? Lei chieda al suo vicino dov'è X. Sa perchè non c'è? Pensa che arriverà fra poco/tornerà la prossima settimana?) etc.

Lines 3–4   **Reminder:** *Alberto domanda a Bruna:* Sa quando ritorna? *Bruna risponde:* Non so. È stato invitato a un party.

Questions   **transitional:** Bruna sa quando ritorna suo fratello? Sa dov'è andato? Dove è stato invitato Franco? Anche Bruna è stata invitata al party? Bruna e Alberto sono stati invitati dagli amici di Franco?
to initiate free conversation: Lei è stato a una festa recentemente? (compleanno? fidanzamento? inaugurazione di una casa nuova?) Chi era il padrone di casa? C'erano tanti ospiti? Che cosa ha mangiato/bevuto? Ha portato un regalo a qualcuno? Si è divertito/a? Quanto è durata la festa? Chieda al suo vicino se gli piacciono i party, se ci va spesso, beve molto, parla, di che cosa parla. (etc.)

Lines (6)–9   **Reminder:** *Bruna dice che è la sorella di Franco:* Io sono sua sorella. *Alberto:* Lei è Bruna? *Bruna:* Come sa che mi chiamo Bruna? *Alberto:* Suo fratello mi parla spesso di lei.

Questions   **transitional:** Bruna è la madre di Franco? Di chi è sorella? Come si chiama la sorella di Franco? E l'amico di Franco, come si chiama? Come si chiamano i due amici? Perchè Alberto sa che la sorella si chiama Bruna? Franco non parla mai di sua sorella?
to initiate free conversation: Lei è il signor Rossi? Chieda al suo vicino se è il signor Rossi. Scusi, ho dimenticato il suo nome. Come si chiama lei? Chieda al suo vicino come si chiama. Gli chieda di compitare il suo cognome. Chieda al suo vicino se ha fratelli, sorelle, ecc.

8

SUPPLEMENTARY PRACTICE

Conversational exchanges

1 A Scusi, come si chiama lei?
B Mi chiamo . . .
A E come si chiama la sua amica/il suo amico?
B Si chiama . . .

2 A Lavora ancora alla banca suo fratello?
B No, al momento è disoccupato.
A Come mai, si è licenziato?
B No, è stato licenziato la settimana scorsa.

3 A Quante volte la settimana viene Caterina a fare la pulizia?
B Viene per mezza giornata tre volte la settimana.
A È da un po' di tempo che non la vedo.
B In questi giorni non viene. Si è fatta male a un braccio.

4 A È da molto che non vede Franco?
B Oh, saranno due o tre anni.
A Io l'ho visto l'estate scorsa. Si era appena sposato.
B Si è sposato?! Non l'avrei mai detto!

Chain exchanges

1 A È il compleanno di Mirella. Che cosa possiamo regalarle?
B Non so. Mirella non si accontenta facilmente. (*to C*) È il compleanno . . . *etc.*

2 A (*handing a photograph around*) Ecco una fotografia di X quand'era
bambino/a. Lo/la riconosce?
B No, non lo/la riconosco. (*to C*) Ecco una . . . *etc.*

3 A A che ora si alza lei generalmente?
B Io mi alzo alle . . . (*to C*) A che ora . . . *etc.*

8

4 *A* Lei quanto tempo si ferma qui?

 B Io mi fermo qui . . . (*to C*) Lei quanto . . . *etc.*

5 *A* Hanno cambiato la data del matrimonio. Lei è stato/a informato/a?

 B Davvero? Non sono stato/a informato/a. (*to C*) Hanno cambiato . . . *etc.*

6 *A* Io mi sono stufato/a di aspettare. Ce ne andiamo?

 B (*to C*) Io mi sono stufato/a . . . *etc.*

7 *A* Dobbiamo andare al battesimo o al matrimonio? Non so decidermi.

 B Neanch'io so decidermi. (*to C*) Dobbiamo andare . . . *etc.*

Other possible work in class or at home

1 *Conversation/Dialogue construction*

Class working in pairs. Taking turns, ask and answer questions about your families using the pattern below as a guide.

Homework. Write a dialogue using the guidelines below.

Quanti sono nella sua famiglia? Ha ancora i genitori? (Che età hanno?)		
È sposato/a lei?	È da molto che è sposato/a? Che cosa fa suo marito/sua moglie? Ha dei bambini?	Quanti bambini hanno?
Ha dei fratelli o delle sorelle? (o cugini o zii?)	Sono sposati/e? È da molto che sono sposati/e? Hanno dei bambini?	Come si chiamano? Quanti anni hanno? Vanno già ancora a scuola? Che cosa fanno? Dove sono ora?

2 *Conversation/Comprehension*

Working in pairs. In turn ask and answer each other the questions set below, and place a tick against the replies which your partner says reflect most closely his/her own point of view. When answering produce a complete sentence, e.g.: *Ciò che apprezzo di più nei miei amici è l'onestà.*

Homework. Place a tick against the replies which most closely reflect your own point of view. You could also write a fully worded reply to each question.

Che cosa apprezza di più nei suoi amici?	L'onestà L'entusiasmo. La lealtà La fedeltà	La pazienza. La comprensione. Il fatto che mi sono amici. Io non ho amici.
Qual è il tratto principale del suo carattere?	La tolleranza. L'ambizione. La cordialità. La fiducia in me stesso.	Il bisogno di essere libero. La considerazione per gli altri. Non l'ho ancora scoperto. Io sono senza carattere.
Qual è il suo difetto principale?	La curiosità L'impazienza. L'ostinatezza. Lavorare troppo.	La mancanza di autocritica. Credo a tutto quel che mi dicono. La mancanza di tatto. Ho soltanto difetti secondari.
Quale sarebbe per lei la maggior felicità?	Poter fermare il tempo. Vivere sempre in viaggio. Essere in armonia con tutti. Fare un lavoro che mi piace.	Avere molti amici. Essere sempre sereno. Non far soffrire nessuno. La felicità è un sogno.
Quale sarebbe per lei la più grande disgrazia?	Non saper amare. Il decadimento mentale. Non sapermi accettare. Vivere senza amici.	Diventare cieco. Perdere la mia dignità. Essere povero. Morire stasera.
Chi o che cosa vorrebbe essere?	Un grande pittore. Una persona saggia. Un buon genitore. Così come sono.	Un poeta. Un vagabondo. Un essere veramente libero. Qualcun altro.
Cos'è che detesta più di ogni altra cosa?	L'ingiustizia. L'invadenza. L'egoismo. La viltà.	La prepotenza. La volgarità. Le persone noiose. Le persone che non sanno ascoltare.
Come vorrebbe morire?	In pace con tutti. Dormendo. Solo. Senza soffrire.	Senza rimpianti. Circondato dagli amici. Senza accorgermene. Il più tardi possibile.

8

3 Reading comprehension

Working in pairs. First read the questions below and enter your own replies in column A. Then take turns with your neighbour to read the questions to each other, and enter his/her replies in column B.

Homework. Read the questions below, and enter your replies in column A. You could ask the same questions in English to a friend of yours and enter his/her replies in column B.

How compatible are you and your spouse/friend? Answer *sì* or *no.*

	A	B
1 Lasciate guidare volentieri l'auto a lui/lei?		
2 Avete gli stessi gusti in fatto di sport e di moda?		
3 Decidete sempre insieme a quale cinema o teatro andare?		
4 Vi piacciono gli stessi autori, attori, libri, riviste?		
5 Partite sempre insieme per le vacanze?		
6 In vacanza vi fate prendere delle fotografie insieme?		
7 Avete con voi delle sue fotografie?		
8 Vi piace ballare insieme?		
9 Quando fate degli acquisti importanti vi consultate a vicenda?		
10 Ricordate le reciproche date di nascita e quella del vostro matrimonio (o primo incontro)?		

Valutazione delle risposte

10 sì : Tutto va bene (ma avete proprio detto la verità?).
7–9 sì : Non c'è male.
4–6 sì : Relazione in pericolo.
meno di 4 sì : Questa situazione non può durare.

8

EXPLANATIONS

1 Reflexive Verbs and Pronouns

In Italian reflexive pronouns are used much more than in English, since a lot of verbs can be used either normally or reflexively. The reflexive pronouns take the same position as the object pronouns (i.e. they precede the verb, but follow the infinitive, the gerund, and some forms of the imperative).

2 Reflexive Verbs with impersonal *si*

The impersonal *si* becomes *ci si* with reflexive verbs. Although technically impersonal, this form often refers to the 1st person plural (i.e. *ci si vede* as an alternative to *ci vediamo*).

3 Reflexives + *ne*

Andare and *stare* can be turned into reflexives + *ne* for emphasis:
me ne vado = I am off (*vado* = I go, I am going)
se ne sta seduto tranquillamente = he is sitting comfortably and peacefully

4 Passive form

The passive form is formed with *essere* and the past participle (this agrees in gender and number with the subject, and in compound tenses both participles agree: *siamo stati invitati*). In single tenses *venire* or *andare* can sometimes replace *essere*. With *venire* a sense of activity is conveyed, e.g.: *verrà spedita al più presto*. Using *andare* implies necessity: *va fatto così* (it must be done like this).

9 nove

SOCIAL LIFE

1	*A*	Sono già le tre! È meglio che me ne vada ora.
2	*B*	Mi dispiace che debba andarsene così presto.
3	*A*	Sono stato/a invitato/a a una festa di fidanzamento.
4	*B*	È qualcuno che conosco?
5	*A*	Può essere che lei conosca la fidanzata. È Lisa Ponti, la giornalista.
6	*B*	È quella che scrive articoli di moda?
7	*A*	Precisamente. Si fidanza con un architetto.
8	*B*	Che tipo è lui?
9	*A*	Non lo conosco. Dicono che sia ricchissimo.
10	*B*	Beato lui. E quanti anni ha Lisa?
11	*A*	Non so. Credo che ne abbia 32 o 33.
12	*B*	Non è più tanto giovane.
13	*A*	Nemmeno lui. È vedovo con un bambino di 5 anni.
14	*B*	Allora la famiglia ce l'hanno già!*
15	*A*	Sì, prefabbricata. Uh, com'è tardi! Devo scappare.
16	*B*	Arrivederci allora. Si diverta!

*ce l'hanno già = they already have one. This use of ce will be dealt with in chapter 12.

73

9

SPEECH PATTERN DRILLS

Subjunctive after expressing supposition or opinion, containing an element of doubt (with *che*)

1 *A prospective husband*

A Può essere che sia intelligente.

1 Può essere che sia intelligente.
2 Allora può essere che sia ambizioso.
3 Allora può essere che sia colto.
4 Allora può essere che sia un buon lavoratore.

B *Non credo che sia intelligente.*

5 Allora può essere che sia onesto.
6 Allora può essere che sia ben educato.
7 Allora può essere che sia spiritoso.
8 Allora può essere che sia comprensivo. (Ma allora perchè lo sposa!)

2 A

Mi sembra che
il suo amico abbia sonno.
i suoi amici abbiano sete.
la sua amica abbia paura.
le sue amiche abbiano poco tempo.
il bambino abbia dormito abbastanza.
i bambini abbiano giocato abbastanza.

B

A me non sembra che abbia sonno.

3 A

Crede che
sia possibile?
abbia tempo?
sappia la ragione?
venga più tardi?
ritorni un'altra volta?
voglia accettare l'invito?
possa accompagnarli?
debba scusarsi?

B

Non credo che sia possibile.

4 *B is not very keen on this particular guest*

A Credo che Carla si annoi qui.

1 Credo che Carla si annoi qui.
2 Potrebbe cercare di divertirsi.
3 Non voglio che si offenda.

B *Che si annoi o no, per me è indifferente.*

4 Potrebbe bere qualcosa.
5 Credo che soffra segretamente.
6 Potrebbe ballare con qualcuno.

9

5 *A* Suppongo che tu lo sappia già.   *B* Anch'io suppongo che tu lo sappia già.
   A Penso che lo sappiate già.   *B* Anch'io penso che lo sappiate già.

1 Suppongo che tu lo sappia già.   4 Temo che tu lo sappia già.
2 Penso che lo sappiate già.   5 Spero che lo sappiate già.
3 Credo che lo sappiano già.   6 Dubito che lo sappiano già.

TRANSITION TO FREE CONVERSATION FROM DIALOGUE

Line (1)   **Reminder:** *Alberta dice:* Sono già le tre!

Questions   **transitional:** Alberta dice che sono le tre meno un quarto? Sono le due e mezzo? Che ore sono? Alberta guarda l'orologio? Alberta è in ritardo?
to initiate free conversation: Sono le sette adesso? Che ora è? Domandi al suo vicino che ora fa il suo orologio. Il suo orologio è giusto? va avanti? è indietro? Chieda al suo vicino a che ora è arrivato in classe/uscirà/ comincia di solito la lezione/finisce, quanto dura la lezione. (etc.)

Lines (1)–2   **Reminder:** *Alberta dice:* È meglio che me ne vada ora. *Bruna commenta:* Mi dispiace che debba andarsene così presto.

Questions   **transitional:** È meglio che Alberta resti, o che se ne vada? Quando è meglio che se ne vada? Bruna è contenta che Alberta debba andarsene? A chi dispiace che Alberta debba andarsene? Quando deve andarsene Alberta?
to initiate free conversation: Lei deve andarsene prima della fine della lezione? E l'insegnante? Chieda al suo vicino se se ne va subito a casa dopo la lezione. Gli chieda se può aspettare un minuto prima di andarsene (perchè deve parlargli, potrebbero andare a casa insieme etc.).

Line 3   **Reminder:** *Alberta dice:* Sono stata invitata a una festa di fidanzamento.

Questions   **transitional:** Alberta è stata invitata a una festa? A che tipo di festa è stata invitata? Anche Bruna è stata invitata? È Alberta che si fidanza? È Bruna che dà la festa?
to initiate free conversation: A lei piace andare ai party? Lei dà spesso delle feste? (Sì? Invita molti ospiti? Fanno della

musica? Ballano? Si divertono?) (No? Non le piacerebbe dare ogni tanto delle feste in casa? Chieda al suo vicino se gli piace andare ai party, se preferisce andarci da solo o con amici, se suona qualche strumento, etc.).

A number of interesting questions can develop from lines 6–9, such as: Che tipo è quel signore? Che cosa fa? Quanti anni ha? etc., and from lines 13–14, such as: Lei ha fratelli/figli/cugini? Quanti anni hanno? Come si chiamano? Che cosa fanno? etc.

SUPPLEMENTARY PRACTICE

Conversational exchanges

1 *A* Ciao, Bruno/a. Ti trovo bene, hai un bell'aspetto.
  B Beh, non c'è male. E tu, come va?
  A La solita vita. Tu come te la passi?
  B Così così. Tua sorella sta meglio?
  A Purtroppo è ancora all'ospedale.
  B Mi rincresce. Spero che guarisca presto.

2 *A* Ho ricevuto una lettera da Franca.
  B Che cosa dice? Come se la passa?
  A Si è fidanzata con un ingegnere.
  B Bene! Sono contento/a che si sia sistemata.

3 *A* Non vorrei essere al posto di Barbara . . .!
  B Veramente? E perchè?
  A Suo marito l'ha lasciata.
  B Ah sì? Però non mi sorprende.
  A Precisamente. Nel modo in cui lo trattava. . .
  B Mi stupisco che sia durato così tanto.

4 *A* Non vuoi fermarti ancora cinque minuti?
  B Grazie, ma non posso trattenermi più a lungo.
  A Allora spero che ritorni presto.
  B Certamente. E grazie della bella serata.

9

Chain exchanges

1 *A* Mi sembra che i Rossi arrivino all'una. Vero che arrivano all'una?
   B No, mi sembra che i Rossi arrivino alle due. (*to C*) Vero che arrivano alle due?
   C No, mi sembra che ... (alle tre, *etc.*)

2 *A* Scusi, sono arrivati gli invitati di sua sorella?
   B Non credo che siano arrivati. Chiediamo al/alla signore/a. (*to C*) Scusi, sono arrivati ... *etc.*
       Last one (*teacher*) Non ancora, ma non tarderanno molto.

3 *A* Credo che sia meglio non invitare Barbara alla festa.
   B Perchè no?
   A Perchè ....→
   B (*to C*) Credo che sia meglio non invitare Barbara alla festa.
   C Perchè no?
   B Perchè ....→
       etc.

> arriva sempre tardi.
> arriva sempre con quel suo orribile amico.
> vuol sempre cantare pezzi d'opera.
> è maleducata.
> civetta con tutti.
> è troppo invadente (*pushing*).
> è troppo noiosa.
> si dà troppe arie.
> parla troppo.
> si ubriaca.

Other possible work in class or at home

1 *Reading comprehension*

   Working in pairs. Read the dialogue below to your partner who will try to identify the abstract noun which summarizes what A and B are talking about. (See answer on page 150.)

   Homework. Which abstract noun summarizes what they are talking about? (See answer on page 150).

   A Che cosa si porta quest'anno?
   B Molti pullover, sciarpe di lana, pellicce, guarnizioni di pelle.
   A Non mi piacciono tanto i colori che si vedono in giro oggigiorno.
   B A me non dispiacciono. Si intonano coi miei capelli.
   A A proposito, come si portano i capelli, lunghi o corti?
   B Per adesso ancora lunghi, me prevedo che presto si porteranno piuttosto corti.

2 *Asking and answering questions*

This is, in table form, a typical working day of film star Lori Lombrigi as she described it to an interviewer.

Al mattino:	
ore 8.00	Mi alzo e faccio un po' di ginnastica.
9.00	Faccio colazione con succo di arancio, pane e burro e marmellata, e una tazza di caffè.
10.00	Leggo giornali e riviste, sbrigo la corrispondenza, e telefono al mio agente e agli amici.
12.00	Faccio delle commissioni in città, e vado a bere un aperitivo con amici.
Al pomeriggio:	
1.30	Faccio pranzo a casa (una bistecca ai ferri, insalata e frutta) e mi riposo una mezz'oretta.
3.00	Vado allo studio cinematografico, dove lavoro fine all'ora di cena.
Alla sera:	
8.00	Ceno al ristorante con amici.
9.30	Vado a teatro o al cinema, oppure vado a casa a guardare la televisione.
12.00	Bevo un bicchiere di latte e vado a letto.

Class working in pairs. (a) Ask each other questions about Lori Lombrigi's day, e.g. *Che cosa fa Lori Lombrigi alle 8 del mattino?*
(b) Ask each other questions about what Lori Lombrigi did yesterday, e.g. *A che ora si è alzata ieri Lori Lombrigi?* or *Che cosa ha fatto Lori Lombrigi ieri alle 8 del mattino?*

Homework. Read the table above and answer in writing the following questions: 1. Che cosa fa Lori Lombrigi alle 8 (9, 10 etc.) del mattino, del pomeriggio (etc.)? 2. Che cosa ha fatto Lori Lombrigi ieri mattina (pomeriggio etc.) alle. . . ? 3. A che ora si è alzata (ha fatto colazione etc.) Lori Lombrigi ieri?

3 *Fluency practice/Construction of phrases*

Working in pairs. In turn ask each other and answer questions choosing different phrases from the boxes each time.

Homework. Write a few exchanges choosing different phrases from the boxes each time.

A		B
Come ha passato	la serata? il week-end? il fine-settimana?	Sono andato/a a a ...
È andato/a	al cinema domenica scorsa? a teatro la settimana scorsa?	Sì/No. Sono {andato/a a vedere ... rimasto/a a casa.
Ha	ascoltato la radio? guardato la televisione?	
Che programma ha	ascoltato? visto?	Ho {ascoltato/sentito ... visto/guardato ...

A		B	
Si è divertito/a?		Sì, molto. Non tanto. Così così.	
Come ha trovato	il film? il dramma? la commedia? il programma?	L'ho trovato/a La trama era	interessante. commovente.

3 Reading comprehension/Conversation

Working in pairs. Ask each other questions about your leisure activities, and indicate your respective replies with A, B or C. You could hold a conversation on these lines: *Almeno tre volte la settimana il 94 per cento degli inglesi passa il tempo leggendo il giornale. E quanti italiani?—L'88% degli italiani. E lei/tu, legge/leggi spesso il giornale?— Sì, molto spesso/No, soltanto qualche volta/Io non leggo mai il giornale.* You could then try to interpret and discuss some of the differences in the leisure activities of the two countries.

Homework. Read the comparative table of how leisure time is spent in England and in Italy, then indicate your own answers with A, B or C.

QUAL È IL VOSTRO PASSATEMPO PREFERITO?

Dopo aver esaminato come gli inglesi e gli italiani passano il tempo libero, analizzate il vostro modo di distrarvi indicandolo così: A = spesso, B = qualche volta, C = mai	Questi sono i passatempi degli inglesi (%)	degli italiani (%)	Your answer Write A, B or C	Your partner's answer Write A, B or C
Almeno tre volte alla settimana:				
Leggere il giornale	94	88		
Guardare la televisione o ascoltare la radio	85	64		
Leggere libri non scolastici	46	42		
Stare alla finestra o davanti alla porta a guardare la gente	4	12		
Almeno una volta alla settimana:				
Per le donne: cucire, ricamare, fare la maglia	81	88		
Per gli uomini: fare dei lavori per la casa	41	57		
Ascoltare musica in casa	77	81		
Lavorare nel giardino	46	61		
Leggere riviste	64	52		
Parlare con amici	67	44		
Andare al 'pub' o al caffè	25	36		
Giocare a carte	22	21		
Far parole incrociate	25	12		
Andare al 'club', al circolo o associazione	22	17		
Praticare uno sport	13	11		
Praticare un'attività creativa (dipingere, ecc.)	7	9		
Suonare uno strumento per divertimento	5	6		
Giocare a scacchi o a dama	11	5		
Almeno uno volta al mese:				
Passeggiare o fare una gita	36	64		
Andare al cinema	20	52		
Intrattenere o essere intrattenuti da amici	21	32		
Andare a una manifestazione sportiva	22	27		
Andare a ballare	14	19		
Far ginnastica o yoga	4	7		
Almeno una volta all'anno:				
Andare al concerto, all'opera o al balletto	3	6		
Andare a una riunione politica	6	15		

EXPLANATIONS

Subjunctive

A verb is used in the Subjunctive Mood to convey the possibility (including doubt, necessity, hope, fear, belief, regret, pleasure, etc.) that something may happen, rather than express something that is really happening.

Ritornare	Ripetere	Dormire	Finire	*Recurring pattern of endings:*
ritorni	ripeta	dorma	finisca	all singular persons are identical*
ritorni	ripeta	dorma	finisca	(same as 'courtesy' form of
ritorni	ripeta	dorma	finisca	Imperative)
ritorniamo	ripetiamo	dormiamo	finiamo	same as Present Indicative
ritorniate	ripetiate	dormiate	finiate	
ritornino	ripetano	dormano	finiscano	same as 'courtesy' form of Imperative

*Therefore, to distinguish between the persons, the use of io, tu, etc. is often necessary.

The Present Subjunctive of irregular verbs can be deduced from the forms of the Imperative and of the Present Indicative, as indicated above. There are however some irregular forms of the Subjunctive, the most common of which are:

	io, tu, lui, lei	*noi*	*voi*	*loro*
Essere	sia	siamo	siate	siano
Avere	abbia	abbiamo	abbiate	abbiano
Stare	stia	stiamo	stiate	stiano
Fare	faccia	facciamo	facciate	facciano
Dare	dia	diamo	diate	diano
Sapere	sappia	sappiamo	sappiate	sappiano

Sometimes the Subjunctive is automatically expected, e.g. after *che* preceded by the idea of possibility etc. as mentioned above, expressed either through a verb (e.g. *bisogna*), a phrase (e.g. *è probabile*) or a conjunction (e.g. *sebbene*). Other times the Subjunctive is chosen as a means to convey nuances of meaning: For example, in 'Le mando qualcuno che *può* aiutarla', the speaker is certain that this man *can* help you. In 'Le mando qualcuno che *possa* aiutarlà, the possibility is expressed that he *may* be able to help you.

10 dieci

MEETING PEOPLE

In the hotel garden

1 *A* Scusi, è libera questa sedia?
2 *B* Prego, si accomodi.
3 *A* È in vacanza da solo/a?
4 *B* Sono venuto/a con un amico/un'amica.
5 *A* Lei è inglese, vero? Dove abita?
6 *B* Abito a Londra.
7 *A* Che lavoro fa?
8 *B* Lavoro in un ufficio postale. E lei?
9 *A* Io sono un/una farmacista. (*Say your own name*).
10 *B* Io mi chiamo . . . (*Say your own name*).
11 *A* Molto piacere. Le piace questo posto?
12 *B* Sì, molto. Anche i dintorni sembrano interessanti.
13 *A* Se vuol vederli, possiamo fare un giro in macchina.
14 *B* Mi pacerebbe, ma oggi ho degli impegni.
15 *A* È impegnato/a anche domani?
16 *B* Al mattino sono occupato/a, ma sono libero/a nel pomeriggio.
17 *A* Vuole che passi a prenderla all'albergo?
18 *B* Con piacere. Passi a prendermi verso le quattro.

10

SPEECH PATTERN DRILLS

Subjunctive after expressing necessity or the possibility that something may happen (with *che***)**

1 *A* È probabile che rimanga, vero?

    1 È probabile che rimanga, vero?
    2 È possibile che ritorni, vero?
    3 Può essere che dorma ancora, vero?
    4 È bene che si riposi, vero?

B Ah sì, è probabile che rimanga.

    5 È meglio che non risponda, vero?
    6 È necessario che lo faccia, vero?
    7 Bisogna che lo finisca, vero?
    8 Non conviene che lo ripeta, vero?

Subjunctive after response to events (with *che***)**

2 *Sorry, no party*

    A Mio cugino è ammalato.

    1 Mio cugino è ammalato.
    2 I miei amici non sono liberi.
    3 Mia sorella non è in casa.
    4 Le mie amiche sono stanche.

B Mi dispiace che sia ammalato.

    5 Mio/a marito/moglie è all'ospedale.
    6 Gli altri sono tutti occupati.
    7 Quindi la festa è rimandata.

Subjunctive (without *che***) after conjunctions implying doubt, purpose or a condition**

3 *A*

Lo/la sposerà
  benchè sia divorziato?
  nonostante abbia già tre bambini?
  sebbene non voglia lavorare?
  Affinchè diventi migliore?
  purchè non cambi idea?
  a condizione che non fumi a letto?
  a meno che non sposi qualcun'
    altro/a.

B

Certo, lo/la sposerà
  benchè sia divorziato.

Subjunctive (without *che*) after *chiunque* and *dovunque**

4 *A* Credo che ci sia qualcuno nel garage.

B *Chiunque sia, gli dica di venire qui.*

A A me sembra che sia nel garage, ma non sono sicuro/a.

B *Dovunque sia, gli dica di venire qui.*

1 Credo che ci sia qualcuno nel garage.

2 A me sembra che sia nel garage, ma non sono sicuro/a.

3 Credo che sia il portinaio nella cantina.

4 Almeno sembra che sia nella cantina, ma non sono sicuro/a.

5 Credo che ci sia qualcuno sopra il tetto.

6 Almeno sembra che sia sopra il tetto, ma non sono sicuro/a.

7 Credo che ci sia qualcuno nel giardino.

8 Almeno sembra che sia nel giardino, ma non sono sicuro/a.

* Also after *qualunque, qualunque cosa, qualsiasi, comunque, quantunque.*

Subjunctive after *nessuno, niente, nulla* (with *che*)

5 *A* Non c'è nessuno che lo conosca?

B *No, non c'è proprio nessuno che lo conosca.*

1 Non c'è nessuno che lo conosca?

2 Non c'è niente che lo convinca?

3 Non c'è nulla che lo commuova?

4 Non c'è nessuno che lo ascolti?

5 Non c'è niente che lo interessi?

6 Non c'è nulla che lo preoccupi?

Subjunctive after a superlative (with *che*)

6 *A* Com'è buono questo caffè! (il migliore)

B *È il migliore ch'io abbia mai assaggiato.*

1 Com'è buono questo caffè! (il migliore)

2 Com'è cattivo questo tè! (il peggiore)

3 Come sono leggeri questi biscotti! (i più leggeri)

4 Come sono dolci queste caramelle! (le più dolci)

5 Com'è amaro questo liquore! (il più amaro)

6 Com'è salata questa minestra! (la più salata)

TRANSITION TO FREE CONVERSATION FROM DIALOGUE

Lines 3–4   **Reminder:** *Alberto è seduto vicino a Barbara nel giardino dell'albergo e le domanda:* È in vacanza da sola? *Barbara risponde:* Sono venuta con un'amica.

Questions   **transitional:** Barbara è al lavoro? È in vacanza da sola? Chi è venuta con un'amica? Con chi è venuta Barbara? Con chi parla Alberto? Barbara è sola in giardino?

to initiate free conversation: Ha già fatto le vacanze quest' anno? (Sì? Dove? Quando? Con chi? Si è divertito/a? Le è costato molto? Com'era il tempo?) (No? Le farà più tardi? Quando? Dove? Da Solo/a o con la famiglia/con amici?) Chieda al suo vicino dove fa le vacanze di solito/ se ha mai fatto una vacanza in Italia (etc.).

Lines 5–6   **Reminder:** *Alberto chiede:* Lei è inglese, vero? Dove abita? *Barbara risponde:* Abito a Londra.

Questions   **transitional:** Barbara è italiana? Chi le domanda se è inglese? Di che nazionalità è Barbara? Abita a Roma Barbara? In che paese abita? In che città? È una città piccola?

Lines 7–(8)   **Reminder:** *Alberto chiede:* Che lavoro fa? *Barbara risponde:* Lavoro in un ufficio postale.

Questions   **transitional:** Alberto domanda a Barbara dove va a scuola? Barbara lavora in un negozio? È disoccupata? Chi lavora in un ufficio postale? Dove lavora Barbara?
to initiate free conversation: Lei di che nazionalità è? Dove abita? Che lavoro fa? Chieda al suo vicino dove abita, se gli piace abitare lì, perchè. Gli chieda che lavoro fa, da quanto tempo, se vorrebbe cambiare. Gli chieda se è inglese, quante lingue parla, se conosce degli italiani.

Lines   **Reminder:** *Alberto si presenta dicendo:* Alberto Rossi.
(9)–(11)   *Barbara dice:* Io mi chiamo Barbara Gibson. *Alberto dice:* Molto piacere.

Questions   **transitional:** Alberto si presenta per primo? Che cosa dice per presentarsi? Dice solo il suo cognome? A chi si presenta? Barbara dice solo il suo nome? Che cosa risponde Alberto? Alberto dice: piacere di conoscerla?
to initiate free conversation: Si presenti al suo vicino di sinistra. (Ask a few people to introduce themselves to a partner and hold a brief 'socializing' conversation together.)

10

SUPPLEMENTARY PRACTICE

Conversational exchanges

1 *A* Viene spesso qui?
  B No, questa è la prima volta.
  A Lei non è italiano/a, vero?
  B No, sono inglese.
  A È da molto tempo che è in Italia?
  B Sono arrivato/a la settimana scorsa.
  A Si diverte?
  B Sì, molto. Spero che anche lei si diverta.

2 *A* Spero che il fumo non le dia noia.
  B No, fumi pure.
  A Posso offrirle una sigaretta?
  B No, grazie. Oggi ho già fumato troppo.

3 *A* Com'è tardi! Devo andarmene.
  B Peccato che non posso fermarsi di più.
  A Dispiace anche a me, ma è tardi.
  B Possiamo rivederci domani?
  A Domani sono impegnato/a.
  B Quando sarà di nuovo libero/a?
  A Non so. Spero di essere libero/a verso la fine della settimana.

Chain exchanges

1 *A* Ha sentito quello che si dice di Rosina?
  B Ho sentito. Crede che sia vero? Mi sembra impossibile! (*to C*) Ha sentito . . . *etc.*

2 *A* Sono molto lieto/a di aver fatto la sua conoscenza.
  B Spero di aver occasione di rivederla presto. (*to C*) Sono molto . . .

3 *A* Bella festa, vero?
  B Sì, molto riuscita. Va a casa ora?
  A Sì. Vuole che le dia un passaggio?
  B No, grazie. Sono venuto/a anch'io in macchina. (*to C*) Bella festa . . .

10

Other possible work in class or at home

1 *Guided dialogue*

Working in pairs. Play both roles in turn, following the guidelines below.

Homework. Write a dialogue following the guidelines below.

Sitting in the garden of the hotel.

A	B
Ask how long B has been here	...
Ask if B likes this place/hotel.	...
Ask where B is from.	Reply, then ask where A is from.
Reply, then introduce yourself to B.	Reply to introduction and tell A your name.
Ask B where he/she lives.	...
Ask B if he/she is married.	...

If B is married:

Ask him/her the occupation of his wife/her husband.	...
Ask if he/she has any children.	Reply (if you have children say how many).

If B has children:

Ask what they are called.	...
Ask how old they are.	...
Ask what B does.	...
Ask if his/her work is interesting	...
Ask how long B has been doing that work.	...
Ask what time B goes to work in the morning.	Reply, and say also the time you finish work.
Ask what B does these evenings while on holiday.	...
Ask what B is doing this evening.	...
Round off with an appropriate ending.	

2 *Reading comprehension*

Working in pairs. Taking turns with your neighbour, ask each other questions about your personal characteristics and interests, ticking in column A your own replies and in column B your neighbour's. Then tick in column *a* the characteristics and interests of your husband/ wife or your ideal partner, and in column *b* those of your neighbour's husband/wife or ideal partner.

Homework. Read and tick in your characteristics and interests and those of your husband/wife or ideal partner.

Stato civile	A	a	B	b	**Carattere**	A	a	B	b
scapolo/nubile					serio				
vedovo/vedova					cordiale				
separato/separata					risoluto				
divorziato/divorziata					senso umoristico				
Statura					**Attività preferite**				
piccola (al disotto di metri 1,50)					giardinaggio				
					alpinismo				
media (metri 1,50– 1,70)					nuoto				
					tennis				
alta (oltre i metri 1,70)					golf				
					ippica				
Corporatura					campeggio				
snella					giocare alle carte, a scacchi				
media					attività creative (musica ecc.)				
robusta									
Capelli					**Interessi**				
neri					jazz, musica popolare e folkloristica				
bruni									
biondi					musica classica, opera, balletto				
grigi									
bianchi					pittura, architettura				
corti					romanzi, letteratura, poesia				
lunghi					cinema, teatro				
Occhi					moda				
bruni					sport				
grigi					animali domestici				
verdi					'pub', bar, caffè				
azzurri					gastronomia				
					viaggi				
Aspetto generale					conversazione, discussioni				
simpatico					filosofia, materie accademiche				
attraente									

3 *Dialogue composition*

Working in pairs. Working together with your partner, experiment orally first, then write a dialogue between two people, one of whom has turned up very late at an appointment. Mention the time at which they should have arrived, what time it is now, how long the other has been waiting, offer plausible excuses for being late, and then decide where to go.

Homework. Write a dialogue on the lines suggested above.

4 *Written composition*

Homework. Answer the advertisement below describing yourself and your husband/wife or friend, specifying interests and period when you are free for the European tour (use dictionary if necessary). Start with *Egregi signori* and close your letter with *Cordiali saluti.*

> Coppia trentenne con auto cerca altra coppia interessata trascorrere vacanze estive visitando capitali europee disposta condividere spese. Scrivere Casella Postale 345, Torino.

EXPLANATIONS

1 The subjunctive (contd.)

The Subjunctive is used with *che*:

a) after expressing
>   necessity — *È necessario che lei lo firmi.*
>   probability — *È probabile che Gino rimanga.*
>   response to events — *Mi dispiace che siano ammalati.*

b) after the indefinite pronouns *nessuno, niente, nulla* —
>   *Non c'è nulla che lo interessi.*

The Subjunctive is used without *che* after the indefinite pronouns *chiunque, qualunque, qualunque cosa, qualsiasi cosa, dovunque* — Dovunque sia, lo troverò.

10

The Subjunctive is used after the following conjunctions, some of which require *che*:

(implying necessity) *prima che* — *Gli parli prima che io arrivi.*

(implying concession) nonostante (with or without *che*), *sebbene*, *benchè* — *Vado ora benchè sia tardi.*

(implying purpose) *affinchè, perchè* — *Glielo diremo perchè lo sappia.*

(implying a condition) *purchè, a condizione che, a meno che non* — *Non riuscirò a finirlo a meno che lei non mi aiuti.*

The Subjunctive is not used:

a) when the main clause and the dependent clause have the same subject. If the subject is the same, the second verb is in the Infinitive preceded by *di*: *Credo di essere in ritardo* (but with different subjects, *Credo che Alberto sia in ritardo*).

b) when expressing an assumption in the Indicative with *se*: *Se viene glielo dico* (or *glielo dirò*). But if the Conditional is used, the dependent clause takes the Imperfect Subjunctive: *Se venisse glielo direi* (see Chapter 11).

c) when the subordinate clause is in the Future: *Non credo che lo farà*.

Finally, if you don't use the Subjunctive when you ought to and use the Indicative instead, nothing terrible will happen: you will still be understood and will not be shot at dawn (a number of Italians would have to be shot for the same crime!).

11 undici

AT THE TRAVEL BUREAU

1	*A*	Che voli ci sono per Londra?
2	*B*	C'è un volo domani e uno giovedì.
3	*A*	Speravo che ci fosse un volo anche stasera.
4	*B*	Purtroppo no. Magari ci fossero voli tutti i giorni!
5	*A*	È finito il serivizio estivo?
6	*B*	Si, è già cominciato il servizio ridotto.
7	*A*	Allora vorrei prenotare due posti per domani.
8	*B*	Per domani deve prenotare direttamente all'Alitalia.
9	*A*	Come mai? Non siete aperti fino alle cinque?
10	*B*	Sì, ma non accettiamo prenotazioni dopo le quattro.
11	*A*	Non sapevo che ci fossero tante complicazioni.
12	*B*	Dobbiamo verificare le disponibilità con Alitalia.
13	*A*	E se partissimo giovedì?
14	*B*	Per giovedì può prenotare anche qui.
15	*A*	Se permette telefono a casa prima di decidere.

91

SPEECH PATTERN DRILLS

Imperfect Subjunctive + main verb in the past tense

1 *A* Io credo che ci sia una partenza ora.

1 Io credo che ci sia una partenza ora.
2 Tu credi che ci sia un altro volo.
3 Mio fratello crede che sia difficile.

B Anch'io credevo che ci fosse una partenza ora, ma non è così.

4 Noi crediamo che ci sia un posto.
5 Voi credete che ci sia ancora tempo.
6 I miei amici credono che sia facile.

Conditional + imperfect subjunctive

2 *A*

| Secondo lei, chi dovrebbe parlargli? |
| andarci? |
| prenderlo? |
| prenotarla? |
| portarli? |
| controllarla? |
| verificarlo? |
| pagarla? |

B
Vorrei che gli parlasse Filippo.

Pluperfect subjunctive

3 *A*

| Se io l'avessi perduto lo direi. |
| trovato |
| visto |
| sentito |
| preso |
| pagato |

B
Se io l'avessi perduto non lo direi.

4 *At the police station. A spouse is missing.*
A È possibile che sia andato/a all'estero.

1 È possibile che sia andato/a all'estero.
2 Può essere che sia fuggito/a con un altro/un'altra.
3 Può essere che sia in qualche difficoltà.

B Non mi stupirei se fosse andato/a

4 Può essere che sia stato/a arrestato/a.
5 È possibile che sia ritornato/a. a casa.

11

1 *The Poker Player*

Yesterday Enrico won one million (lire, of course) at poker, and celebrated the fact with friends. This triggered off a circular chain of events.

A Se Enrico non avesse fatto festa, sarebbe andato a letto tardi?

B No, se non avesse fatto festa, non sarebbe andato a letto tardi.

1 Se Enrico non avesse fatto festa, sarebbe andato a letto tardi?

2 Se non fosse andato a letto tardi, si sarebbe alzato tardi?

3 Se non si fosse alzato tardi, avrebbe perso l'autobus?

4 Se non avesse perso l'autobus, sarebbe arrivato tardi in ufficio?

5 Se non fosse arrivato tardi in ufficio, sarebbe stato licenziato?

6 Se non fosse stato licenziato, sarebbe andato a giocare a poker?

7 Se non avesse giocato a poker, avrebbe vinto un milione?

8 Se non avesse vinto un milione, avrebbe fatto festa?

9 Se non avesse fatto festa, ...
(*etc. from the beginning*)

Conditional Sentences

6 A Se Franco prende l'aereo, arriva stasera.

B Certo, se prende l'aereo, arriva stasera.

1 Se Franco prende l'aereo, arriva stasera.

2 Ma se prende il treno, arriverà domani.

3 Anche se venisse in macchina, arriverebbe domani.

4 Se fosse partito ieri, sarebbe già arrivato.

5 Se prendiamo l'aereo, arriviamo stasera.

6 Ma se prendiamo il treno, arriveremo domani.

7 Anche se andassimo in macchina, arriveremmo domani.

8 Se fossimo partiti ieri, saremmo già arrivati.

7 A Se io fossi ricco viaggerei.
   A Se tu fossi ricco pagheresti.

B Anch'io se fossi ricco viaggerei.
B Anche tu se fossi ricco pagheresti.

1 Se io fossi ricco viaggerei.

2 Se tu fossi ricco pagheresti.

3 Se mio fratello fosse ricco viaggerebbe.

4 Se noi fossimo ricchi pagheremmo.

5 Se voi foste ricchi viaggereste.

6 Se i miei amici fossero ricchi pagherebbero.

8 *A*

Perchè non lo fa?
la guarda?
li ascolta?
le porta?
ci va?
ne prende?

B

Se avessi tempo lo farei.

9 *A*

Devi proprio andarci?
finirlo?
telefonargli?
ascoltarla?
prenotarli?
controllarlo?
scrivergli?
pagarli?

B

Sarebbe strano se non ci andassi.

Imperfect Subjunctive in independent clauses

10 *A*

Credevo fosse semplice.
avessero l'orario.
partisse al mattino.
lo sapessero.
costasse meno.
lo dicessero in inglese.
non venisse con noi.
stessero qui.
facesse caldo.
dessero da bere gratis.

B

Magari fosse semplice!
Almeno avessero l'orario!
Magari partisse al mattino!
Almeno lo sapessero!

11 *A*

E se ci andassimo ora?
gli parlassimo ora?
decidessimo ora?
prenotassimo ora?
confermassimo ora?
pagassimo ora?
partissimo ora?

B

Non so. E se ci andassimo più tardi?

11

TRANSITION TO FREE CONVERSATION FROM DIALOGUE

Line 1	**Reminder:** *All'agenzia di viaggi Alberto domanda:* Che voli ci sono per Londra?
Questions	**transitional:** Alberto vuole un volo per Roma? Chi vuole un volo per Londra? A chi fa la domanda Alberto? Che cosa vuole Alberto? Dove vuole andare Alberto? **to initiate free conversation:** Lei ha mai viaggiato in aereo? (sì? le piace? dove è andato/a? qual è il viaggio più lungo che ha fatto?) (no? preferisce il treno, il pullman? perchè? è mai andato/a all'estero?). Chieda al suo vicino se ha fatto un viaggio in aereo, treno, macchina, dove, quanto è durato (etc.).
Lines 2–3	**Reminder:** *Bruna, la signorina dell'agenzia, risponde:* C'è un volo domani e uno giovedì. *Alberto dice:* Speravo che ci fosse un volo anche stasera.
Questions	**Transitional:** Alberto vuole un volo per giovedì? Bruna dice che c'è un volo per stasera? Ci sono voli per Londra tutti i giorni? Quanti voli per Londra ci sono giovedì? Chi sperava che ci fosse un volo anche stasera? Che cosa sperava Alberto? Quando sperava di partire Alberto? **to initiate free conversation:** Lei prenota sempre in anticipo i suoi viaggi/le sue vacanze? Dove? Paga prima? Chieda al suo vicino se ha mai perso un treno o un aereo, per quale ragione/se preferisce prenotare le sue vacanze/se generalmente decide all'ultimo momento, sperando di trovare posto.

(Allow the conversation to move on to different topics; but if it dwindles to an end too soon bring the conversation back to holidays in general, suggesting the students ask each other questions such as: Dove va a passare le vacanze quest'anno? Va da solo/a? Con chi va? Come viaggia? Descriva il luogo dove ha passato le sue ultime vacanze. Si è divertito/a? Faceva bello? Descriva il luogo che le è piaciuto di più, etc.).

11

SUPPLEMENTARY PRACTICE

Conversational exchanges

1 *A* Andiamo all'isola d'Elba per le vacanze?
   B Ma ci andiamo tutti gli anni! E se cambiassimo una volta?
   A Chiediamo informazioni all'agenzia di viaggi.

2 *A* Ha un opuscolo sulla Sardegna?
   B Che cosa le interessa, la Costa Smeralda?
   A Mi interesserebbe se non fosse troppo cara.
   B Ecco un elenco dei vari alberghi con i prezzi.

3 *A* Mi piacerebbe andare in Sicilia, se non costasse troppo.
   B Ecco qui le date dei voli.
   A Se fosse possibile preferirei andare con un viaggio organizzato.
   B Certo, costerebbe meno. Allora guardi in questi opuscoli.

4 *A* Ci sono delle cuccette sul treno Milano-Messina?
   B Sì, ma bisogna prenotarle almeno 24 ore in anticipo.
   A Me ne occorrono due per stasera: non è possibile?
   B Magari si potesse!

Chain exchanges

1 *A* Ecco le prenotazioni. Se potesse dare questa al/alla signore/a mi
       farebbe un piacere.
   B (*the same to C, etc.*)

2 *A* Lei preferisce andare a Napoli in treno o via mare?
   B Se facesse bello preferirei andarci via mare. (*to C*) Lei preferisce...
       etc.

3 *A* Io vado col gruppo a visitare Murano. Sarebbe bello se anche lei
       potesse venire.
   B Certo, vengo anch'io. (*to C*) Io vado col gruppo... *etc.*

Other possible work in class or at home

1 *Guided dialogue*

Working in pairs. Play both roles in turn, following the guidelines below.

Homework. Write a dialogue following the guidelines below.

All'ufficio di una linea aerea italiana

A	B
Ask if there is a flight to ...	Say yes, there are two flights a day, one in the morning and one in the evening.
Ask what time the morning flight is.	Say what time.
Ask if there are two places in tomorrow morning's flight.	Say you'll check through the booking computer (*elaboratore elettronico*). Yes, there are two seats available.
Book two seats and ask how long it takes to reach destination.	Say how long it takes.
You are expecting a relative from Spain. Ask at what time the plane from Madrid is due to arrive.	Say the time of arrival, and add that the plane is twenty minutes late.
Ask if B knows whether there is an organized sightseeing tour of this town.	Tell A that he/she should ask the Azienda Autonoma di Soggiorno.
Ask if it is far from here.	Say it is almost opposite, past the cinema.

PRINCIPALI MANIFESTAZIONI ITALIANE

Mese	Luogo	Manifestazione
Gennaio	Sanremo	Festival della canzone
Febbraio	Sanremo	Carnevale dei fiori
Marzo	Verona	Fiera agricola
Aprile *(sabato di Pasqua)*	Firenze	Scoppio del Carro (*fireworks on a traditional religious float*)
	Milano	Fiera Campionaria Internazionale
Maggio	Firenze	Maggio Musicale Fiorentino
Giugno	Firenze	Gioco del calcio in costume
	Palermo	Festival Mediterraneo
Luglio	Gardone (Brescia)	Rappresentazioni al Teatro Vittoriale
	Taormina e Pompei	Rappresentazioni di teatro classico
	Napoli, Roma e Venezia	Stagione operistica estiva
Agosto	Siena	Il 'Palio' (*pageant and horse race in the main piazza*)
	Nervi (Genova)	Festival Internazionale del Balletto
	Venezia	Mostra Internazionale del Cinema
Settembre *(prima domenica del mese)*	Venezia	Regata Storica
Ottobre	Perugia	Festa Musicale Umbra
Novembre *(primi dieci giorni)*	Torino	Salone Internazionale dell'Automobile
Dicembre *(fino ad aprile)*	Milano, Roma, Torino, Firenze, Napoli, Genova, Bologna, Catania	Stagione operistica

Working in pairs. Referring to the above list of events, take turns to ask questions choosing different phrases each time from the boxes below.

Homework. Referring to the above list of events, write a series of short exchanges choosing different phrases each time from the boxes below.

Dove }} si può andare in {{ Italia Quando }} {{ Sicilia   per vedere qualcosa di interessante?
Quale/i attività c'è/ci sono }} C'è qualcosa di interessante {{ nel mese di … ? Che cosa c'è di interessante {{ a… ? Che cosa si può fare

Nel mese di … si può
   andare a …
   dove c'è …

C'è/Ci sono … Si può andare {{ a vedere… {{ a sentire…

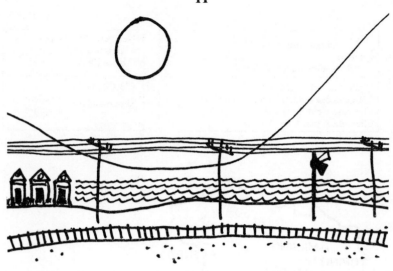

3 Dialogue construction

ORARIO FESS* TORINO—ROMA	DD 661	R 903	DD 609	Dir 2607	DD 607	R 901
Torino	7.55	806	9.08	11.20	13.25	16.48
Trofarello				11.32		
Asti	8.28	8.36	9.43	11.56	13.57	17.18
Alessandria	8.50	8.58	10.06	12.23	14.19	17.39
Novi Ligure			10.26	12.42		
Genova		9.58	12.00	13.37	16.05	18.33
La Spezia		11.13	13.01		16.43	19.43
Viareggio		11.46	13.51		17.16	20.15
Pisa		12.14	14.11		17.41	20.34
Livorno			14.35		17.58	20.50
Grosseto		13.28	16.03		18.38	21.59
Civitavecchia			17.16		20.15	
Roma		15.11	18.30		21.15	23.45
Dir = diretto DD = direttissimo/espresso R = rapido						

* FFSS = Ferrovie dello Stato.

Working in pairs. Referring to the table above take turns to ask and answer questions about trains using the plan below as a basis. End by writing together with your partner a continuous dialogue (10–12 lines).

Homework. Write a dialogue (10–12 lines) referring to the timetable above and using the plan below as a basis.

A   B

Che treni ci sono da . . . a . . . ? Che treno $\begin{Bmatrix} \text{devo} \\ \text{si deve} \end{Bmatrix}$ prendere per andare a Trofarello?	Ce n'è uno . . . e . . . (Si) deve . . .
A che ora bisogna partire da . . . per andare a . . . ? Per essere a . . . $\begin{Bmatrix} \text{alle. . .} \\[4pt] \text{prima delle. . .} \end{Bmatrix}$ $\begin{Bmatrix} \text{che treno} \\ \text{si deve} \\ \text{prendere?} \\ \text{a che ora} \\ \text{bisogna} \\ \text{partire?} \end{Bmatrix}$	Bisogna . . .
Si può Posso $\rangle$ prendere $\begin{Bmatrix} \text{il rapido per andare a} \\ \text{Civitavecchia?} \\ \text{il direttissimo delle 7.55} \\ \text{per andare a Genova?} \\ \text{il rapido per andare a . . . ?} \end{Bmatrix}$ È meglio	Non (si) può . . . non ferma a . . . No, (si) deve cambiare . . . Non conviene perchè . . . È meglio . . .
Va a Novi Ligure il direttissimo delle 7.55? Il treno delle . . . ferma a . . . ?	No, finisce a . . . Sì/No . . .
Quanto tempo ci vuole per andare $\begin{Bmatrix} \text{a . . . ?} \\ \text{da . . .} \\ \text{a . . . ?} \end{Bmatrix}$ Quanto tempo ci mette il treno da . . . a . . . ?	Ci vuole/vogliono . . . . . . più o meno . . . Ci mette . . .
Quante stazioni ci sono fra . . . e . . . ?	Ce n'è/Ce ne sono . . .
A che ora si arriva a . . . $\begin{Bmatrix} \text{partendo da . . .} \\ \text{alle. . . ?} \\ \text{col treno delle . . . ?} \end{Bmatrix}$ Se parto alle . . . a che ora arrivo a . . . ?	(Si) arriva . . . Arriverà . . .

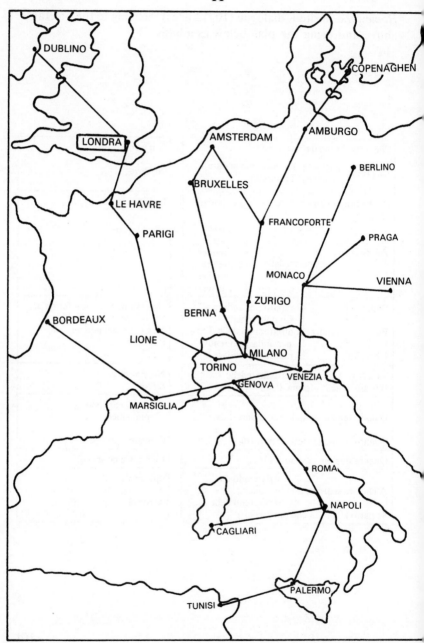

EXPLANATIONS

Imperfect subjunctive

The Imperfect Subjunctive (or its compound the Pluperfect Subjunctive, e.g. se avessi parlato) is used mainly in dependent clauses, and takes the place of the Present Subjunctive if the main verb of the sentence is in a past tense or in the Conditional. The pattern of endings of the Imperfect Subjunctive is constant and alike in all three conjugations. The characteristic vowel of each conjugation is retained:

Parlare	Sapere	Partire	Avere
parlassi	sapessi	partissi	avessi
parlassi	sapessi	partissi	avessi
parlasse	sapesse	partisse	avesse
parlassimo	sapessimo	partissimo	avessimo
parlaste	sapeste	partiste	aveste
parlassero	sapessero	partissero	avessero

Essere, dare and *stare* have special stem forms to which the above endings are added:

Essere	Dare	Stare
fossi	dessi	stessi
fossi	dessi	stessi
fosse	desse	stesse
fossimo	dessimo	stessimo
foste	deste	steste
fossero	dessero	stessero

Verbs with a shortened infinitive use the original obsolete long stem (i.e. dicere, facere, proponere, introducere, bevere) in the Imperfect Subjunctive:

Dire	Fare	Proporre	Introdurre	Bere
dicessi	facessi	proponessi	introducessi	bevessi
dicessi	facessi	proponessi	introducessi	bevessi
dicesse	facessi	proponesse	introducesse	bevesse
dicessimo	facessimo	proponessimo	introducessimo	bevessimo
diceste	faceste	proponeste	introduceste	beveste
dicessero	facessero	proponessero	introducessero	bevessero

11

Conditional sentences

They can be of three types:

a) using Present or Future tenses, to express possibility,
b) using Imperfect Subjunctive + Conditional Present, to express conjecture (something contemplated but not accomplished yet),
c) using Pluperfect Subjunctive + Conditional perfect, to express speculation (about something which didn't, and won't, take place).

Type b (Imperfect Subj. + Conditional Present) is the most common of the conditional sentences. The two clauses could be inverted (e.g. Se io fossi ricco viaggerei = Io viaggerei se fossi ricco).

Imperfect Subjunctive in independent clauses

The Imperfect Subjunctive can also be used on its own to express:

1 wishful thinking contrary to fact: *Magari fosse semplice* (I wish it were simple).
2 the suggestion of a possibility: *E se ci andassimo ora?* (Suppose we went now?/What about going now?)

12 dodici

LEAVING THE HOTEL

1 *A* È pronto il nostro conto? Domani partiamo.
2 *B* Sì, è pronto. Ce l'ho in ufficio.
3 *A* Vuole che regoliamo adesso?
4 *B* Non c'è premura. Possono pagare dopo cena.
5 *A* Come sono passate in fretta queste vacanze!
6 *B* Sono rimasti soddisfatti dell'albergo?
7 *A* Sì, molto. Noi siamo venuti qui perchè ce l'hanno raccomandato.
8 *B* Chi gliel'ha raccomandato?
9 *A* La signora Campanella, che venne qui due anni fa.
10 *B* La ricordo bene. Ne rimase contenta?
11 *A* Più che contenta. Ne fu entusiasta.
12 *B* Mi fa piacere sentirlo.
13 *A* Ora andiamo a fare le valigie. Ci rivedremo dopo cena.
14 *B* Va bene, signore/a. A più tardi.

SPEECH PATTERN DRILLS

The Past Definite

1 *A* Io quando andai in Sardegna, partii da Genova.
   1 Io quando andai in Sardegna, partii da Genova.
   2 Tu quando andasti in Sardegna, partisti da Genova.
   3 Mio fratello quando andò in Sardegna, partì da Genova.

   B Anch'io quando andai in Sardegna, partii da Genova.
   4 Noi quando andammo in Sardegna, partimmo da Genova.
   5 Voi quando andaste in Sardegna, partiste da Genova.
   6 I miei amici quando andarono in Sardegna, partirono da Genova.

2 *A*   *B*

> L'anno scorso
> io non potei andare in vacanza.
> tu non potesti andare in vacanza.
> mia sorella non potè andare in
>   vacanza.
> noi non potemmo andare in
>   vacanza.
> voi non poteste andare in vacanza.
> i miei amici non poterono andare
>   in vacanza.

Neanch'io potei andare in vacanza.
Neanche tu potesti andare in vacanza.

3 *A* Io ne fui soddisfatto/a.   *B Anch'io ne fui soddisfatto/a.*
  A Tu ne fosti soddisfatto/a.   *B Anche tu ne fosti soddisfatto/a.*

  1 Io ne fui soddisfatto/a.   *4* Noi ne fummo soddisfatti/e.
  2 Tu ne fosti soddisfatto/a.   *5* Voi ne foste soddisfatti/e.
  3 Mio fratello ne fu soddisfatto.   *6* I miei amici ne furono soddisfatti.

4 *A* Io ebbi fortuna nella scelta.   *B Anch'io ebbi fortuna nella scelta.*
  A Tu avesti fortuna nella scelta.   *B Anche tu avesti fortuna nella scelta.*

  1 Io ebbi fortuna nella scelta.   *4* Noi avemmo fortuna nella scelta.
  2 Tu avesti fortuna nella scelta.   *5* Voi aveste fortuna nella scelta.
  3 Mia sorella ebbe fortuna nella   *6* I miei genitori ebbero fortuna nella
    scelta.   scelta.

5 *A lot happened to B last month!*

  A Io venni qui 3 mesi fa;
    e tu quando venisti?   *B Io venni qui il mese scorso.*
  A Io vidi Franco 4 mesi fa;
    e tu quando lo vedesti?   *B Io lo vidi il mese scorso.*

  1 Io venni qui 3 mesi fa;   *4* Io chiesi informazioni 6 mesi fa;
  1 e tu quando venisti?   e tu quando le chiedesti?
  2 Io vidi Franco 4 mesi fa;   *5* Io risposi a Gina 7 mesi fa;
    e tu quando lo vedesti?   e tu quando le rispondesti?
  3 Io conobbi la signora 5 mesi fa;   *6* Io scrissi a Dino 8 mesi fa;
    e tu quando la conoscesti?   e tu quando gli scrivesti?

6 *What happened next?*

A

Quando seppi la notizia corsi fuori...

... chiusi la porta e mi voltai per
   andare...
... non vidi il gatto e caddi per le
   scale...
... stetti un po' per terra e poi mi
   alzai ...
... ritornai a casa e mi sedetti...
... bevvi e fumai tutta la sera...
... e poi? niente – rimasi seduto
   tutta la notte.

B

Quando sapesti la notizia corresti fuori:
   e poi?
Chiudesti la porta e ti voltasti per
   andare: e poi?
Non vedesti il gatto e cadesti per
   le scale: e poi?
Stesti un po' per terra e poi ti alzasti: e
   poi?
Ritornasti a casa e ti sedesti: e poi?
Bevesti e fumasti tutta la sera: e poi?

The Past Perfect (Past Definite of *Essere* or *Avere* + Past Participle of main verb)

7 A

Che cosa fece lei dopo che
   ebbero cenato?
   ebbero parlato?
   ebbero guardato la TV?
   si furono salutati?
   ebbero preparato le valigie?
   furono usciti?

B

Dopo che ebbero cenato, io andai a letto.

Ce + *l'ho/l'ha* etc. (I/you have got it etc.)

8 A Ha il mio ombrello?
   A Non ha la mia valigia?

   1 Ha il mio ombrello?
   2 Non ha la mia valigia?
   3 Ha il mio cappello?
   4 Non ha la mia chiave?

B *Sì, ce l'ho.*
B *No, non ce l'ho.*

   5 Ha la mia macchina fotografica?
   6 Non ha il mio passaporto?
   7 Ha la mia rivista?
   8 Non ha il mio biglietto?

9 *Who has got the bill?*

A Credevo di avere il conto, ma
   non ce l'ho. Ce l'hai tu?
A Forse ce l'ha Franco. Ce l'ha lui?

   1 Credevo di avere il conto, ma
      non ce l'ho. Ce l'hai tu?
   2 Forse ce l'ha Franco. Ce l'ha lui?
   3 Allora chiedi a Rosina se ce l'ha
      lei.

B *No, io non ce l'ho.*
B *No, lui non ce l'ha.*

   t Guardate bene se ce l'avete voi.
   5 Forse i vostri amici allora.
      Ce l'hanno loro?

12

TRANSITION TO FREE CONVERSATION FROM DIALOGUE

Line 1

Reminder: *Alberto chiede il conto all'albergatore:* È pronto il nostro conto? Domani partiamo.

Questions

transitional: Alberto vuole il conto della lavanderia? Chi chiede il conto all'albergatore? Da chi ricerverà il conto Alberto? Che cosa chiede Alberto? Quando parte Alberto? Vuole partire senza pagare?

to initiate free conversation: Lei ha mai pagato un conto molto forte in un albergo? Che cosa fa per essere sicuro di non pagare troppo? Chieda al suo vicino se paga sempre lui quando va al ristorante, dove va, con chi va, che tipo di ristorante preferisce, che cosa mangia/beve. (etc.)

Line 2

Reminder: *L'albergatore risponde:* Sì, è pronto. Ce l'ho in ufficio.

Questions

transitional: È pronto il conto? Chi l'ha preparato? Dove ce l'ha? È in ufficio adesso l'albergatore? A chi parla in questo momento? Per chi è il conto? Preparerà il conto più tardi l'albergatore?

to initiate free conversation: Dove tiene i suoi conti e le sue ricevute lei? e la sua corrispondenza? Risponde regolarmente alle lettere di amici, di affari? Chieda al suo vicino se si considera una persona ordinata, puntuale. Perchè?

Allow the conversation to move on to different topics; but if it dwindles to an end too soon bring the conversation back to hotels in general, suggesting the students ask questions such as: Va a passare le vacanze sempre allo stesso albergo? Preferisce alberghi grandi e moderni, o le pensioni a carattere familiare? Confronti alberghi diversi di vari paesi. Descriva l'albergo più bello/interessante/insolito in cui è stato/a. Com'è secondo lei la camera ideale d'albergo?

12

SUPPLEMENTARY PRACTICE

Conversational exchanges

1   A   Si sta bene in quest'albergo, vero?
    B   Molto. Conto di ritornarci l'anno prossimo.
    A   È la prima volta che viene qui?
    B   No, venni qui anni fa con mio fratello.

2   A   Domani parto. Se mi dà il suo indirizzo le manderò una cartolina.
    B   Grazie. Ecco il mio biglietto di visita.
    A   Lei ha il mio?
    B   No, non ce l'ho. Mi farebbe piacere averlo.

3   A   I bagagli sono pronti?
    B   Sì, li ho fatti portare nella hall.
    A   Hai dato qualcosa al facchino?
    B   No, ma gli diedi una buona mancia all'arrivo.

4   A   Non abbiamo dimenticato niente?
    B   Non credo. Ho guardato bene in tutti i cassetti.
    A   E la chiave dov'è?
    B   Ce l'ho in tasca. Possiamo andare.

Chain exchanges

1   A   Lei deve ancora prenotare la cuccetta?
    B   No, la prenotai il mese scorso. (*to C*) Lei deve ancora . . . *etc.*

2   A   Scusa, ce l'hai tu la chiave?
    B   No, io non ce l'ho. (*to C*) Scusa, ce l'hai . . . *etc.*

3 *A* Non troviamo il conto. Ce l'ha lei?
  B No, io non ce l'ho.
  A Allora chi ce l'ha?
  B Forse ce l'ha questo/a signore/a (*to* C) Non troviamo ... eetc.

Other possible work in class or at home

1 *Conversation/Composition*

It is raining, and you and your friends are spending the afternoon and evening at the hotel either watching TV or listening to the radio. Here are the programmes you can choose from:

TELEVISIONE—Rete 2

12.30 Psicologia dell'infanzia.
13.00 La vita di Leonardo da Vinci
13.30 Telegiornale – Oggi al Parlamento
14.10 Una lingua per tutti. Corso di tedesco
14.35 Telequiz
15.00 Rassegna di giovani interpreti
15.45 I vini d'Europa
16.00 Ciclismo: Giro d'Italia
16.30 Stelle dell'operetta
17.00 L'angolo dei ragazzi
18.00 I grandi compositori: Schubert
18.30 Le regioni: il Lazio
19.00 Telegiornale. Cronache.
19.20 Telefilm: Tarzan in India
19.45 Almanacco del giorno dopo. Il tempo
19.50 Asterisco musicale
20.00 Telegiornale e telesport
20.40 Telefilm: Il barone e il servitore
21.40 Tribuna politica
22.00 Pugilato: Campionati mondiali
22.40 L'agenda culturale

ALLA RADIO—Radiouno

13.00 Giornale radio
13.30 Musicalmente
14.00 Giornale radio
14.10 C'ero anch'io
14.30 Folkoncerto
15.00 Giornale radio
15.10 I solisti del jazz
16.10 Musica per domani
17.00 Giornale radio
17.10 Il mondo dello sport
18.10 Contrappunto
18.30 Shelley e l'Italia
19.00 Giornale radio
19.35 Il discofilo
20.10 Dottore, buonasera
20.30 Quando la gente canta
21.00 Giornale radio
21.10 Un passo nel mondo di ieri
21.50 Canzoni per tutti
23.00 Giornale radio
23.10 Buonanotte

12

Working in pairs. Referring to the programmes above, talk about the TV or radio items you would like to see or hear. If necessary use the tables below for help.

Homework. Referring to the programmes above, write a few exchanges using the tables below as a guide.

Per fare domande		*Per rispondere*
Mi piacerebbe { vedere... sentire... } E a lei?		Anche a me piacerebbe vedere... A me invece piacerebbe sentire...
A che ora incomincia/finisce...?		Incomicia/finisce...
Se perdiamo il telegiornale delle 19, quando possiamo vedere o sentire notizie?		Possiamo vedere il ... delle ... alla TV*, o ascoltare il ... delle ... alla radio.
Le interessa...?		Sì, mi interessa. C'è ... alla TV/radio. Non mi interessa molto.
Preferisce ... o ...?		Io preferirei ...

*Pronuncia tì-vu.

2 *Reading comprehension*

Working in pairs. Read the dialogue below to your partner, who will try to guess what A and B are talking about. (See answer on page 150.)

Homework. What are A and B talking about? The context of the dialogue below should help you to find out. (See answer on page 150.)

A Come, dobbiamo lasciare l'albergo fra mezz'ora, e sono ancora da fare!

B Credevo le volessi fare tu.

A Se avessi voluto farle io a quest'ora sarebbero pronte.

B Ma devo sempre farle io?

A Con tutta la roba che porti io non riuscirei a chiuderle. Non so proprio come fai.

B Certo, se non provi qualche volta, non imparerai mai.

A Falle ancora questa volta. L'anno prossimo le preparerò io prima di partire per le vacanze: metterò meno roba in ognuna, e così sarà poi facile prepararle al ritorno.

3 *Matching questions and answers*

Homework. Choose from column B the responses appropriate to the questions in A, and write the number beside the corresponding question.

A	B
Vedo che hai un bell'aspetto. Quando sei ritornato dalle vacanze?	1 Siamo andati a Villombrosa, un piccolo centro vicino a Firenze.
Come le hai passate?	2 Sì. Nessun rumore, aria pura, e molte belle passeggiate. Ci siamo veramente divertiti.
Non volevi andare al mare?	3 Ce ne parlò una nostra conoscente diversi anni fa, e dalla descrizione ci sembrò interessante.
Dove siete stati?	4 No, soltanto 1000 metri, ma molto bello, circondato di pinete.
Non lo conosco. È alto?	5 Appena due giorni fa.
Come hai saputo di Villombrosa?	6 Sì, ma abbiamo aspettato troppo a prenotare e non abbiamo trovato posto.
Allora siete stati contenti della scelta?	7 Molto bene. Sono stato quindici giorni in montagna con mio fratello.

EXPLANATIONS

The Past Definite (or Past Absolute, or Past Historic)

Sing.	*Andare*	*Potere*	*Partire*
1	andai	potei*	partii
2	andasti	potesti	partisti
3	andò	potè*	partì
Plur.			
1	andammo	potemmo	partimmo
2	andaste	poteste	partiste
3	andarono	poterono*	partirono

*Many verbs ending in -ere have alternative forms in the first and third persons singular and in the third person plural (e.g. vendere: vendetti/vendei, vendesti, vendette/vendè, vendemmo, vendeste, vendettero/venderono).

2 *Use of the Past Definite and other tenses*

The Past Definite ("Passato Remoto" in Italian) is only used to any considerable extent in central and southern Italy, but hardly ever in the North of Italy in ordinary conversation or informal correspondence (the Perfect Tense is used in preference). However the Past Definite is met quite often in written narratives of all kinds to tell the successive stages of a story, in which the background circumstances would be described with the Imperfect. In the narrative the actual conversation would of course mainly be in the Present, Perfect, Imperfect, or Future tenses, with Conditional, Imperative, and Subjunctive moods used to express special nuances.

3 Irregular Past Definites

Most verbs ending in *-are* and *-ire* have a regular Past Definite (i.e. like andare and partire), but the following have irregular forms.

(-are)	*io*	*tu*	*egli*	*noi*	*voi*	*essi*
dare	diedi/detti	desti	diede/ dette	demmo	deste	diedero/ dettero
fare	feci	facesti	fece	facemmo	faceste	fecero
stare	stetti	stesti	stette	stemmo	steste	stettero

(-ire)						
dire	dissi	dicesti	disse	dicemmo	diceste	dissero
venire	venni	venisti	venne	venimmo	veniste	vennero

However, many verbs ending in *-ere* have irregular Past Definites, including the auxiliary verbs *avere* and *essere*:

(-ere)						
avere	ebbi	avesti	ebbe	avemmo	aveste	ebbero
essere	fui	fosti	fu	fummo	foste	furono

The following are the main irregular Past Definites of the verbs in -ere, grouped according to the character of their irregularity;

With change of vowel in the stem:

mettere	misi	mettesti	mise	mettemmo	metteste	misero
vedere	vidi	vedesti	vide	vedemmo	vedeste	videro

With doubling of consonant:

bere	bevvi	bevesti	bevve	bevemmo	beveste	bevvero
cadere	caddi	cadesti	cadde	cademmo	cadeste	caddero
conoscere	conobbi	conoscesti	conobbe	conoscemmo	conosceste	conoberro
crescere	crebbi	crescesti	crebbe	crescemmo	cresceste	crebbero
tenere	tenni	tenesti	tenne	tenemmo	teneste	tennero
volere	volli	volesti	volle	volemmo	voleste	vollero

and also the impersonal verbs accadere (accadde, accaddero) and piovere (piovve).

with change of vowel and doubling of consonant:

rompere	ruppi	rompesti	ruppe	rompemmo	rompeste	ruppero
sapere	seppi	sapesti	seppe	sapemmo	sapeste	seppero

with ending of stem changing into s:

chiedere	chiesi	chiedesti	chiese	chiedemmo	chiedeste	chiesero
chiudere	chiusi	chiudesti	chiuse	chiudemmo	chiudeste	chiusero
correre	corsi	corresti	corse	corremmo	correste	corsero
rimanere	rimasi	rimanesti	rimase	rimanemmo	rimaneste	rimasero
rispondere	risposi	rispondesti	rispose	rispondemmo	rispondeste	risposero
scendere	scesi	scendesti	scese	scendemmo	scendeste	scesero
spendere	spesi	spendesti	spese	spendemmo	spendeste	spesero
sporgere	sporsi	sporgesti	sporse	sporgemmo	sporgeste	sporsero
volgere	volsi	volgesti	volse	volgemmo	volgeste	volsero
vincere	vinsi	vincesti	vinse	vincemmo	vinceste	vinsero

with ending of stem changing into ss:

muovere	mossi	muovesti	mosse	movemmo	moveste	mossero
scrivere	scrissi	scrivesti	scrisse	scrivemmo	scriveste	scrissero
introdurre	introdussi	introducesti	introdusse	introducemmo	introduceste	introdussero
vivere	vissi	vivesti	visse	vivemmo	viveste	vissero

With the -e- of the stem changing into -cqu-:

nascere	nacqui	nascesti	nacque	nascemmo	nasceste	nacquero
piacere	piacqui	piacesti	piacque	piacemmo	piaceste	piacquero
tacere	tacqui	tacesti	tacque	tacemmo	taceste	tacquero

4 Ce l'ho, ce l'ha etc.

Ce is sometimes used to strengthen the verb *avere* when the complement is *lo* or *la* (it), in a way similar to the use of 'got' in 'I have got it' *(io ce l'ho).*

13 tredici

Verbs in idiomatic expressions
Some other common idioms

AT THE AIRPORT

1 *A* È quella la nostra linea aerea?
2 *B* Credo di sì. Mi dai i biglietti?
3 *A* Eccoli. Ma non c'è fretta. Andiamo al bar.
4 *B* Preferisco far pesare subito le valigie.
5 *A* Non mi va di fare la fila.
6 *B* Allora vai ad aspettarmi al bar. Ci penso io alle valigie.
7 *A* Va bene, vado. Vuoi sempre fare a modo tuo.
      (*later*)
8 *B* Tutto fatto.
9 *A* Meno male. Ne ho abbastanza di star seduto/a.
10 *B* Allora andiamo. Incomincia a farsi tardi.
11 *A* Che numero è il nostro volo?
12 *B* 815. Dobbiamo andare all'uscita numero quattro.
13 *A* Prima si deve passare al controllo passaporti.
14 *B* Hai ragione. Il controllo è da questa parte.

SPEECH PATTERN DRILLS

Verbs in idiomatic expressions

With *avere*

1 *A* Io ho terribilmente caldo.
  A Tu hai sete, vero?

B Anch'io ho terribilmente caldo.
B Anche tu hai sete.

1 Io ho terribilmente caldo.
2 Tu hai sete, vero?
3 Il mio amico ha molto sonno.

4 Noi abbiamo ragione di insistere.
5 Voi avete sempre fretta.
6 I miei amici ne hanno abbastanza di aspettare.

With *andare*

2 *A* Le va di ascoltarlo? (No)
  A Allora se ne va? (Sì)

B No, non mi va di ascoltarlo.
B Sì, me ne vado.

1 Le va di ascoltarlo? (No)
2 Allora se ne va? (Sì)
3 Non andate più d'accordo? (No)

4 Allora lo mandi al diavolo. (Certo)
5 E vada per i fatti suoi. (Anche lei)

With *dare*

3 *A*

Credo che
gli dia fastidio.
non gli dia mai retta.
anche lui si dia da fare.
si dia troppe arie.
non gli dia ancora del tu.

B
È vero, può darsi che gli dia fastidio.

With *fare*

4 *A* Potresti fare il biglietto all'agenzia?

B Non posso fare il biglietto all'agenzia.

1 Potresti fare il biglietto all'agenzia?
2 Dovresti far portare le valigia.
3 Non vuoi fare la coda?

4 Dovresti fare a meno di arrabbiarti.
5 Non potresti fare più in fretta?

With *stare*

5 *A* Io sto meglio ora, e lei?

B Anch'io sto meglio.

1 Io sto meglio ora, e lei?
2 Anzi ora sto molto bene. E lei?

3 Purtroppo io sto in piedi tutto il giorno.
4 Però sto attento a non stancarmi troppo.

13

TRANSITION TO FREE CONVERSATION FROM DIALOGUE

Lines 1–(3) **Reminder:** *Nella hall dell'aeroporto Alberta chiede a Bruna:* È quella la nostra linea aerea? *Bruna dice:* Credo di sì. Mi dai i biglietti? Alberta: Eccoli.

Questions **transitional:** Alberta sa qual è la loro linea aerea? Alberta ha i biglietti? A chi li dà? Chi li vuole? Alberta glieli dà? Bruna è sicura che quella sia la loro linea aerea?

to initiate free conversation: Lei è alla biglietteria della stazione e vuole comprare i biglietti per un viaggio. Li chieda al suo vicino che è l'impiegato allo sportello. Lei è nella hall del teatro e cerca dei posti per stasera. Chieda al suo vicino che è l'impiegato alla biglietteria se ci sono ancora posti, dove, quanto costano. (etc.)

Line (3) **Reminder:** Alberta dice: Ma non c'è fretta. Andiamo al bar.

Questions **transitional:** Alberta ha fretta? Vuole andare al ristorante? Chi suggerisce di andare al bar? Dove vuole andare Alberta?

to initiate free conversation: Lei va spesso al bar? Che cosa prende di solito? Offra da bere al suo vicino in un caffè italiano, gli chieda se vuole sedersi, se ha anche fame, etc.

Line 4 **Reminder:** Bruna dice: Preferisco far pesare subito le valigie.

Questions **transitional:** Anche Bruna vuole andare al bar? Chi vuole far pesare le valigie? Che cosa vuol far pesare Bruna? Quando vuole farle pesare? Chi è più preoccupato del viaggio, Alberto o Bruna?

to initiate free conversation: Viaggia con molte valigie lei? Si fa portare il bagaglio dal facchino? Chieda al suo vicino se fa le valigie all'ultimo momento, quante ne porta, che cosa ci mette dentro. (etc.)

13

SUPPLEMENTARY PRACTICE

Conversational exchanges

1 *Passport control*

  A   Vuol farmi vedere il passaporto?
  B   Eccolo.
  A   Quanto tempo si ferma in Italia?
  B   Mi fermo tre settimane.
  A   Qual è la ragione del viaggio?
  B   Sono in vacanza/Sono qui per affari.

2 *At the customs*

  A   Quali sono i suoi bagagli?
  B   Queste due valigie e questa borsa da viaggio.
  A   Ha qualcosa da dichiarare?
  B   No, non ho nulla da dichiarare.

3 *A*   Che cosa c'è in questa valigia?
  B   Soltanto effetti personali.
  A   Ha delle sigarette o del liquore?
  B   No. Non fumo e non bevo.
  A   Va bene. Passi pure.

4 *A*   Vuole aprire questa valigia, per favore?
  B   Certamente.
  A   È nuova questa macchina fotografica?
  B   No, sono due anni che ce l'ho.
  A   Grazie. Può andare.

Chain exchanges

1 *A*   Parte in orario il nostro volo?
  B   Mi sembra che abbiano annunciato un ritardo. (*to C*) Parte in orario . . . *etc.*

2 *A*   Dobbiamo presentarci/andare subito alla sala d'imbarco. Lo dica anche agli altri.
  B   (*to C*) Dobbiamo presentarci . . . *etc.*

Other possible work in class or at home

1 *Dialogue completion*

Working in pairs. Play role A and B in turn.

Homework. Supply B's responses.

Alla dogana

A Ha qualcosa da dichiarare?	B . . .
A Qual è la sua valigia?	B . . .
A Ha altri bagagli?	B . . .
A Vuole aprire questa valigia per favore?	B . . .
A È anche sua questa cinepresa nella valigia?	B . . .
A Anche se non sono nuove, può portarne soltanto una senza pagare.	B . . .
A Deve pagare la dogana su una delle due. Si accomodi nell'ufficio qui a sinistra.	B . . .

2 *Reading comprehension*

Working in pairs. Read one dialogue each to your partner, who will try to guess what *A* and *B* are talking about. A concrete noun is the subject of the dialogue. See answers on page 150.

Homework. What are A and B talking about?

At a checkpoint

A Li hai a portata di mano?
B Perchè, dobbiamo farli vedere adesso?
A Non li hanno ancora chiesti, ma vorranno certamente vederli.
B È una seccatura, con tutte queste valigie. Sarebbe ora che li abolissero.
A Per andare in certi paesi non occorrono; basta la carta d'identità.
B Sei sicura?
A Mi sembra di aver sentito dire così. Comunque, un giorno forse si potrà viaggiare senza.
B Speriamo che arrivi presto quel giorno.
A Speriamo. Però intanto ecco che ora li vogliono vedere.

3 *Reading, answering and writing*

Working in pairs. Fill in your own Boarding Card (A), then fill in card B for your partner (whose arm is in plaster) asking him/her the appropriate questions.

Homework. Fill in your own Boarding Card (A), then fill in card B for a member of your family or a friend.

A

CARTA D'IMBARCO
Cognome (*in stampatello*)
Nome . . . .
Indirizzo . . . .
Luogo di nascita . . . .
Nazionalità . . . .
Numero di passaporto . . . .
Professione* . . . .
Data di arrivo a . . . .
Destinazione . . . .
Ragione del viaggio** . . . .

B

CARTA D'IMBARCO
Cognome (*in stampatello*) . . . . .
Nome . . . .
Indirizzo . . . .
Luogo di nascita . . . .
Nazionalità . . . .
Numero di passaporto . . . .
Professione* . . . .
Data di arrivo . . . .
Destinazione . . . .
Ragione del viaggio** . . . .

Some professions for you to choose from: architetto, attore/attrice, autista, casalinga, commerciante, contabile, diplomatico, farmacista, fotografo, giornalista, impiegato, infermiere/a, insegnante, medico, dottore/dottoressa, musicista, operaio, pensionato/a, pittore/pittrice, pompiere, scrittore/scrittrice, studente/studentessa, tabaccaio, telefonista.

**Ragione del viaggio.* If you want to depart from the usual *in vacanza* or *per affari*, write in Italian (using the dictionary if necessary) one of the following reasons for your journey: on honeymoon, for archeological research, to trace an ancestor, to trace a member of the family, or better still think of a reason yourself.

EXPLANATIONS

Verbs in idiomatic expressions

Many of the most frequently used idiomatic expressions are centered on the verbs *avere, andare, dare, fare, stare.*

With avere

aver caldo, freddo, fame, sete, sonno—to be warm, cold, hungry, thirsty, sleepy.

aver torto, ragione—to be wrong, right.

avere fretta—to be in a hurry.

averne abbastanza—to be tired of, fed up with.

With andare

andare (+ indirect object)—to like, e.g. non gli va di aspettare

andarsene—to go away

andare d'accordo—to get on well

andare all'inferno, al diavolo—to go to hell, to the devil

andare per i fatti propri—to go about one's own business

With dare

dare fastidio—to bother, to annoy

dare retta—to listen to, to take heed

darsi da fare—to busy oneself with

puo' darsi—it might well be

darsi delle arie—to give oneself airs

With fare

fare il biglietto—to buy a ticket

far fare, far pesare, etc.—to have something done, weighed, etc.

fare la coda/fila—to queue up

fare a modo proprio—to have one's way

fare a meno di—to do without

fare attenzione—to pay attention, to be careful

fare bello, brutto, caldo, freddo—to be fine, bad warm, cold (weather)

fare presto—to be quick

farsi forza, coraggio—to pull oneself together

farsi tardi—to get late

With stare
stare attento—to take care, to pay attention
stare in piedi, seduto—to stand, sit
star bene, male, meglio, peggio—to be well, ill, better, worse
star tranquillo—not to worry
stare comodo—to be comfortable

Some other common idioms
essere al verde—to be broke
pensarci—to see to it
pensarci sopra—to think about it
arrangiarsi—to manage somehow
sbrigarsela—to manage somehow
venire al sodo—to come to brass tacks
infischiarsene—not to care
tagliare la corda—to be off
cercare il pelo nell'uovo—to split hairs
piovere a catinelle—to rain cats and dogs
saltare di palo in frasca—to jump from pillar to post

meno male! — thank goodness!
e con questo? — so what?
che barba! — what a bore!
in bocca al lupo! — good luck!

14 quattordici

Summary of object pronouns and their position

ON THE AIRPLANE

1	*A*	Va bene qui? Siediti vicino al finestrino.
2	*B*	Un minuto. Voglio sistemare la borsa da viaggio.
3	*A*	Non metterla lì sopra. Mettila sotto il sedile.
4	*B*	C'è già il vaso che abbiamo comprato a Elba.
5	*A*	Allora dammela. La metto sotto il mio sedile.
6	*B*	Come vuoi. Eccola. Tutto a posto?
7	*A*	Sì, va bene. Siamo in orario?
8	*B*	Sì, c'è l'avviso di allacciare le cinture.
9	*A*	Allora stiamo per partire.
10	*B*	I nostri amici a quest'ora sono in crociera.
11	*A*	Magari staranno cenando col capitano della nave.
12	*B*	Oppure saranno in coperta col mal di mare.
13	*A*	Non me ne stupirei.
14	*B*	Ecco, si parte. Hai qualcosa da leggere?
15	*A*	Ho delle riviste. Eccotene una.

SPEECH PATTERN DRILLS

Summary of Pronouns and their position in respect to the verb

Direct Object Pronouns added to Infinitive (for emphasis the disjunctive form is used, as in B)

1 A

| Aldo è venuto ad aiutarmi. |
| aiutarti. |
| aiutarlo. |
| aiutarla. |
| aiutarla. |
| aiutarci. |
| aiutarvi. |
| aiutarli. |
| aiutarle. |

B

È anche venuto ad aiutare me.

Indirect Object Pronouns added to Infinitive *(for emphasis: disjunctive form preceded by preposition)*

2 A

| Gina ha promesso di scrivermi. |
| scriverti. |
| scrivergli. |
| scriverle. |
| scriverci. |
| scrivervi. |
| scrivere loro. |

B

Ha promesso di scrivere anche a me.

Reflexive Pronouns added to Infinitive

3 A Io devo rassegnarmi.   B *Anch'io devo rassegnarmi.*
   A Tu non devi lamentarti.   B *Neanche tu devi lamentarti.*

1 Io devo rassegnarmi.   5 Noi dobbiamo rassegnarci.
2 Tu non devi lamentarti.   6 Voi non dovete lamentarvi.
3 Mio fratello deve accontentarsi.   7 I miei parenti devono accontentarsi.
4 Mia sorella non deve stupirsi.   8 I miei amici non devono stupirsi.

14

Pronouns added to Gerund

4 (Nagging)

A Potresti riposarti un po'. *B Sto riposandomi adesso.*

1 Potresti riposarti un po'.
2 Non potresti aiutarlo?
3 Potresti sistemare il bagaglio.
4 Non potresti portare qui la valigia?

5 Potresti domandare al signore di fronte.
6 Non potresti chiedere alla hostess?
7 Non potresti andare dal pilota?
8 Potresti comprare delle sigarette.

Pronouns with the Imperative

i) *Pronouns with 3rd persons sing. and plur. (used also as 2nd persons formal)*

5 *A* Lo metta sul sedile.
   A Lo mettano sul sedile.

   B Lo metta lei sul sedile.
   B Lo mettano loro sul sedile.

1 Lo metta sul sedile.
2 Lo mettano sul sedile.
3 La sistemi sotto il sedile.
4 La sistemino sotto il sedile.
5 Li porti al controllo.

6 Li portino al controllo.
7 Le dia alla hostess.
8 Le diano alla hostess.
9 Ne parli all'agente.
10 Ne parlino all'agente.

ii) *Pronouns with 1st and 2nd persons plural of the Imperative*

6 *A* Diciamolo alla hostess.
   A Allora io e il mio amico
      lo diciamo alla hostess.

   B No, non diciamolo alla hostess!
   B No, non ditelo alla hostess!

1 Diciamolo alla hostess.
  Allora io e il mio amico
  lo diciamo alla hostess.
2 Mettiamole sotto il sedile.
  Allora io e il mio amico
  le mettiamo sotto il sedile.

3 Parliamone col pilota.
  Allora io e il mio amico
  ne parliamo col pilota.
4 Chiediamogli spiegazioni.
  Allora io e il mio amico
  gli chiediamo spiegazioni.

iii) *Pronouns added to the 2nd person singular of the Imperative*

7 *A* Non posso spostare la valigia.
    Aiutami.*

   B Va bene. Ma tu non aiutarmi** non mi
   aiutare.

1 Non posso spostare la valigia.
  Aiutami.
2 Dov'è il mio passaporto? Cercalo.
3 Hai sentito? Ascoltami!

   *affirmative Imperative

4 La luce non funziona? Dillo alla
  hostess.
5 Lo schienale è troppo inclinato.
  Aggiustalo, per favore.

   **negative Imperative, expressed with
   Infinitive

Pronouns added to Ecco

A Eccomi, io ci sono. E tu ci sei   *B Sì, eccomi qui/qua.*
A Ah, ti vedo. E tu mi vedi?   *B Sì, eccoti qui/qua.*

1 Eccomi, io ci sono. E tu ci sei?   5 Eccoci qua finalmente. Ci siamo?
2 Ah ti vedo. E tu mi vedi?   6 Voi ci vedete?
3 Dov'è il giornale? È lì?   7 Dove sono i bagagli? Sono lì?
4 Dov'è la mia borsa. È lì?   8 Non ho più sigarette. E tu ne hai?

Optional position of pronouns

9 *A*

| Può aiutarlo? |
| portarla? |
| chiuderli? |
| parlargli? |
| comprarne? |
| andarci? |

B

Certo che lo posso aiutare/posso aiutarlo

Position of double pronouns

10 A Sono venuto/a a restituirglielo.   *B Anch'io sono venuto/a a restituirglielo.*
     A Devi accontentartene.   *B Anche tu devi accontentartene.*

1 Sono venuto/a a restituirglielo.   5 Voi diteglielo prima di partire.
2 Devi accontentartene.   6 Io me ne sono accorto/a subito.
3 La signora sta domandandoglielo.   7 Io posso comprarglielo.
    E Gino?   8 E tu glielo puoi portare.
4 Lei ce lo porti appena possibile.   9 Io ho delle sigarette. Eccotene.

14

TRANSITION TO FREE CONVERSATION FROM DIALOGUE

Line 1   **Reminder:** *Nell'aereo Alberta dice a Bruna:* Va bene qui? Siediti vicino al finestrino.

Questions   **transitional:** Alberta e Bruna sono sul treno? Alberta si siede vicino al finestrino? Dove si siede Bruna? Viaggia da sola Bruna?
to initiate free conversation: Dove è seduto/a lei? A sinistra/a destra di chi? Che cosa vede in questa stanza? Chieda al suo vicino quanti studenti ci sono, dove sono seduti, gli chieda se è comodo, se preferisce sedersi vicino alla finestra/alla porta.

lines (2)–3   **Reminder:** *Bruna dice:* Voglio sistemare la borsa da viaggio. *Alberta le dice:* Non metterla lì sopra. Mettila sotto il sedile.

Questions   **transitional:** Bruna vuole sistemare le valigie sull'aereo? È Alberta che vuole sistemare la borsa da viaggio? Che cosa le dice Alberta? Dove la sta mettendo Bruna? Alberta dove vuole che Bruna la metta?
to initiate free conversation: Dica al suo vicino di aprire il libro, chiuderlo. Gli chieda di chi è quella penna, gli dica di prenderla, dargliela, metterla sul tavolo, sotto il libro, di scrivere, di non scrivere. (etc.)

Allow the conversation to move on to different topics; but if it dwindles to an end too soon bring the conversation back to travelling in general, suggesting the students ask questions such as: Con quale mezzo preferisce viaggiare? Quali linee aeree ha trovato migliori/ più convenienti? Come si mangia sugli aerei in generale? In quali tipi di aeroplani ha viaggiato? Qual è la loro differenza? Ha mai perso l'aeroplano/il treno/l'autobus/ la coincidenza? Sono puntuali i treni in Inghilterra, in Italia? Viaggia con molti bagagli? È facile trovare facchini nelle stazioni? (dove? quali stazioni?) etc.

14

SUPPLEMENTARY PRACTICE

Conversational exchanges

1 *A* Possiamo comprare profumi e liquori sull'aereo.
  B Io compro anche delle sigarette.
  A Ma non ha smesso di fumare?
  B Sì, ma posso darle in regalo.

2 *A* Dove siamo ora?
  B Non si vede molto; siamo sopra le nuvole.
  A Peccato, si dovrebbero vedere le Alpi.

3 *A* È comodo questo aeroplano.
  B Le piace viaggiare in aereo?
  A Abbastanza. Però a volte soffro un pochino.
  B Prenda una di queste pastiglie. Le farà bene.

4 *A* Stiamo per arrivare?
  B Sì, dobbiamo allacciare le cinture di sicurezza.
  A Allora arriveremo in orario.
  B Meno male, perchè mi aspettano all'aeroporto.

At the airport's Duty Free Shop

  A Aspetta anche lei di assere servito?
  B Sì. Vorrei comprare delle sigarette americane.
  A Lei non è italiano, vero?
     No, sono spagnolo.
  A L'avevo capito dal suo accento. Però lei parla bene l'italiano.
  B È abbastanza facile per me. Mia moglie è italiana.
  A Ah, allora capisco.

14

Chain exchanges

1 *A* Io compro una bottiglia di whisky. E lei cosa compra?
  B Ne compro una anch'io. (*to C*) Io compro una . . . *etc.*

2 *A* Questo è l'indirizzo della nostra guida. Vuol passarlo anche al signore/ alla signora?
  B (*to C*) Questo è l'indirizzo . . . *etc.*

Other possible work in class or at home

1 *Guided dialogue*

Working in pairs. Play both roles in turn following the guidelines below.

Homework. Write a dialogue following the guidelines below.

On the flight back

A	B*
Ask *B* if it is the first time he/ she has been to Italy.	Reply yes or no, specifying how many times you have been.
Ask how long *B* has been in Italy.	Reply.
Ask whether *B* saw . . . (*Firenze, Pisa* etc.)	Say you wanted to, but couldn't/ didn't have time.
Ask where *B* has been.	Reply.
Ask *B* if he/she liked it.	Say yes or no, explaining why.
Ask what other places *B* saw.	Reply.
Ask what other places *B* would like to see.	Reply.
Ask whether *B* intends to return to Italy.	Reply.
Ask *B* what he/she liked or disliked most about Italy.	Reply.

* If you have never been to Italy you now have a good opportunity to invent your ideal holiday.

2 *Reading comprehension.*

Working in pairs. Read the advertisement below to your partner, who will try to guess what the advertisement is about. (See answer on page 150.)

Homework. Can you guess what the advertisement is about? (See answer on page 150).

NOI SIAMO PRONTI QUANDO LO SIETE VOI

Ogni anno un numero sempre maggiore di viaggiatori italiani e stranieri usa i nostri servizi. I nostri servizi sono fra i più moderni, aggiornati ed efficienti del mondo, ed è per questo che facciamo del nostro meglio per mantenerli tali.

La frequenza dei nostri servizi è pari alla nostra efficienza organizzativa. Vi offriamo tutte le comodità che rendono più piacevole il viaggio. I nostri servizi giornalieri vi porteranno dovunque vogliate andare. Non abbiate dubbi: nessun altro può portarvi a destinazione a minor prezzo o in minor tempo. Per esempio, potete fare con comodo la prima colazione a Roma, Parigi o Londra e arrivare a Nuova York in tempo per il pranzo di mezzogiorno. Per qualunque informazione sugli orari o per prenotazioni rivolgetevi al vostro agente di viaggio o alla nostra sede locale.

---

3 *Crossword*

Homework. You have settled in for your homeward flight. While away some of your time doing the crossword below. The clues apply both to the words across and the words down. (See solution on page 000).

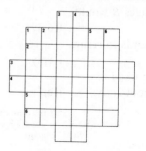

14

Definizioni
1 Dove siete probabilmente in questo momento. Se non ci siete, ci anda-
vate da bambini.
2 Fu una cantante lirica famosa.
3 Stato europeo, la cui capitale è un nome di donna.
4 Volano; ecco perchè sono anche designati così.
5 Questi alberi diventano molto alti, sono diffusi in località alpine, e
forniscono legname da costruzione. Dal tronco si estrae la trementina
(*turpentine*).
6 Allontanamento volontario o forzato dalla patria o dal luogo di resi-
denza. Lo patirono, fra altri, Dante e Napoleone.

EXPLANATIONS

Position of object pronouns in respect to the verb

Although object pronouns generally precede the verb, they are often
added to the end of it in the following cases:

Added to Infinitive
Direct object pronouns: *Aldo è venuto ad aiutarmi.*
Indirect object pronouns: *Gina ha promesso di scrivergli.*
Reflexive pronouns: *Io devo rassegnarmi.*

Added to Gerund
Sto riposandomi.

Optional position of object pronouns

In a phrase containing two verbs one of which is in the Infinitive, very
often the pronouns can either be attached to the Infinitive or precede the
first verb: *Può aiutarli? Certo che li posso aiutare.*

The same happens with the construction 'stare' + gerund: *State lamen-
tandovi? Sì, ci stiamo·lamentando.*

Object pronouns always added to the verb

Added to Imperative
1st and 2nd persons plural: *Diciamolo a Dino. Ditelo anche a Franco.*

2nd person singular (with one-syllable forms of the Imperative the object pronouns mi, ti, lo, la, ci, li, le double their consonant): *Aiutami per favore. Dillo a Gina.*

Object pronouns and 'ne' are added to the word 'ecco'

Eccolo!
Eccone uno!

Position of double pronouns

The position of double pronouns is the same as for one pronoun: *Sono venuto a portarglielo.*

15 quindici

LETTER WRITING

1	*A*	(*to his/her Italian friend*) Vorresti aiutarmi a scrivere ai Morelli una breve lettera di ringraziamento?
2	*B*	Volentieri. È la coppia che hai conosciuto in Italia?
3	*A*	Sì, sono stati molto gentili con me.
4	*B*	Io sono pronto/a. Che cosa vuoi sapere?
5	*A*	Innanzi tutto, come incomincio la lettera?
6	*B*	Sono semplici conoscenze, o molto amici?
7	*A*	Abbastanza amici. Erano veramente simpatici.
8	*B*	Allora incomincia con *Cari* seguito dai loro nomi.
9	*A*	(*writing*) Dunque: *Cari Franco e Graziella.* E poi?
10	*B*	Beh, sta a te. Dipende da quello che vuoi dire.
11	*A*	Mi ci vorrà un po' di tempo. Non ho mai scritto una lettera in italiano.
12	*B*	Non preoccuparti. Il tuo italiano è eccellente.
13	*A*	Posso leggertela alla fine, per vedere se va bene?
14	*B*	Sicuro. Ma sono certo/a che non farai errori.
15	*A*	Puoi dirmi intanto come devo salutarli alla fine?
16	*B*	Potresti finire con *Cordiali saluti.*

15

READING COMPREHENSION

1 This is the letter A wrote to his/her friends in Italy:

Cari Franco e Graziella,

Di ritorno a Londra, vorrei scrivere brevemente per ringraziarvi della vostra gentilezza e del bellissimo periodo trascorso insieme.

Se ho passato delle buone vacanze nella vostra bella Italia Io devo soprattutto alla vostra simpatica compagnia, e mi farà veramente piacere contraccambiare in qualche modo quel che avete fatto per me quando verrete a Londra (spero presto!).

Con molti cordiali saluti

A

2 Lettera ad un albergatore per ottenere informazioni

Torino, 14 febbraio 1979

Al Direttore
dell'Albergo Miramare,
Via Mezzaluna,
X...

Ho trovato il nome del Vostra albergo in un opuscolo pubblicato dall'ENIT*. Vi sarei grato se mi voleste comunicare le Vostre tariffe per pensione completa per la nostra famiglia, composta dei genitori e di tre bambini (di cinque, nove e tredici anni di età).

Ci occorrerebbero quindi due camere: una matrimoniale, e un'altra a tre letti.

Sarebbe nostra intenzione di fermarci tre settimane in giugno o in settembre, secondo le disponibilità del Vostro albergo e i prezzi che ci praticherete. Spero ci accorderete una buona riduzione nel prezzo in considerazione del nostro numero. Gradirei pure che mi deste dei ragguagli sul Vostro albergo: nelle camere c'è acqua calda corrente? C'è il bagno? Fate un riduzione per i pasti dei bambini?

In attesa di leggerVi, Vi porgo distinti saluti.

Aldo Ferris,
Via Alfieri 90,
Torino

*ENIT = Ente Nazionale Italiano per il Turismo (*Italian State Tourist Office*).

3 Risposta di un albergatore alla lettera di un cliente

..., 26 febbraio 1979

Egregio Signor Ferris,
Via Alfieri 90,
Torino

Vi ringraziamo di esserVi rivolto al nostro albergo, e siamo lieti di comunicarVi che durante il mese di settembre potremmo mettere a Vostra disposizione le camere seguenti:

Camera matrimoniale al secondo piano, con bagno, vista sul mare, acqua corrente calda e fredda, e un'altra camera vicina a questa con tre letti per i bambini.

Prezzo per l'intera famiglia: 25.000 lire al giorno, tasse e servizio compresi.

Il cibo è vario e abbondante, ed in occasione di escursioni potremmo prepararVi, a richiesta, una colazione al cestino.

Vorremmo farVi notare che i prezzi quotati sono eccezionalmente bassi in considerazione della tarda stagione e del numero di cui è composta la Vostra famiglia. Essi comprendono pure una riduzione per i bambini.

In attesa che confermiate la Vostra prenotazione e fissiate la data del Vostro arrivo e la durata del Vostra soggiorno, con tutta stima, ben distintamente Vi salutiamo.

Albergo Miramare
Il Direttore

4 Lettera ad un albergatore per fissare delle camere

Torino, 3 marzo 1979

Spett. Direzione
Albergo Miramare,
Via Mezzaluna,
X...

Ho ricevuto la Vostra lettera del 26 febbraio, e Ve ne ringrazio.

Vi prego di riservarmi, a partire dal 2 settembre fino al 22 incluso, le due camere, come specificato nella Vostra lettera.

Prendo nota che in queste due camere ci sarà l'acqua corrente, e che il prezzo della pensione completa per tutta la famiglia è di 25.000 lire al giorno, tasse e servizio compresi.

Arriveremo verso le 18, col direttissimo di Torino.

Distinti saluti.

Aldo Ferris

5 Lettere ai giornali

Egregio Direttore,

Scrivo per lagnarmi dell'incuria in cui sono tenuti i giardini, in particolare il giardino "Pietro Micca". I ragazzi giocano al pallone sui prati; ragazzacci scorrazzano in bicicletta con pericolo di travolgere i bimbi più piccoli; molti cani circolano liberi senza museruola, nè guinzaglio.

Come è possibile che non si istituisca un minimo di vigilanza per i bei giardini posti nel centro della città, che erano un tempo orgoglio e vanto dei torinesi per la cura con cui erano tenuti e per la loro pulizia?

I consigli di Zia Agata

Siete in pensiero? Qualche dubbio vi tormenta? Scrivete a Zia Agata, ed essa vi consiglierà.

Cara Zia Agata,

Ne ho tre che mi fanno la corte, e io non so decidermi. Ho soltanto diciassette anni, e non ho esperienza. E se sbaglio?

Violetta

Cara Violetta,

Mi sembra che lei ne sappia molto per la sua età. La sua lettera mi ricorda una ragazza che andò dalla chiromante (*fortune teller*). Costei le disse di scegliere un Re dal mazzo di carte, e di dargli un nome. La ragazza, costernata, le confidò che gli uomini dei quali voleva sapere qualche cosa erano cinque. 'Non posso far niente per lei' le rispose la chiromante, 'i Re sono soltanto quattro'.

Cara Zia Aggata,

La sua risposta mi ha fatto molto felice. Che cosa posso fare per lei?

Solitaria

Cara Solitaria,

Può scrivere Agata con una sola 'g'.

Zia Agata

EXPLANATIONS

Letter writing in Italian is a little more formal than in English.

In business letters *Voi* is used when the correspondence takes place between firm and client or between two firms, in which case *Voi* and all its pronominal forms are written with a capital letter for deference. Professional people, however, conduct their correspondence addressing their colleagues and clients with the polite form *lei* (often with capital letter for *Lei* and its pronominal forms).

The date

To the right	Londra, 15 giugno 1970

The opening

To a firm	Spett. Ditta (Spettabile Ditta, *Respectable Firm = Messrs.*), Spett. Direzione S.A. (Società Anonima, *Limited Company*)
To strangers (*use* Lei)	Gentile Signora, Gentile Signorina, (or Gent.ma Sig.ra Ferrero, Gent.ma Sig.na Lanzi), Egregio Signore (or Egregio Sig. Borelli), Egregio Dottore/Avvocato/Commendatore etc., Chiarissimo Professore (or Chiar.mo Prof. Bini). (To a small hotel: Egregio Direttore).

15

To acquaintances (*use* Lei)	Caro Sig. Rolle, Gent.ma (or Cara) Signora/ Signorina Trezza.
To friends (use Tu)	Caro Franco, Cara Bruma.
To intimate friends and relatives (*use* Tu)	Mio caro (or Carissimo) Enrico, Mia cara (or Carissima) Beatrice, (Miei) carissimi zii.
To colleagues	At first: Caro Collega (or Caro Molino). Later: Caro Armando.

The ending

To business firms	Vogliate gradire i nostri distinti/cordiali saluti.
To strangers or acquaintances	Con ossequi (Respectfully), suo devotissimo … Distinti saluti.
To friends and relatives	Cordiali saluti. Affettuosi saluti. Con affetto. Ti saluto affettuosamente. Un affettuoso abbraccio. Tuo affezzionatissimo….

Other useful expressions

La (ti) prego di porgere i miei omaggi (saluti) ai suoi (tuoi) genitori. *Please convey my kind regards to your parents.*

In attesa di leggerla, cordialmente la saluto. *Looking forward to hearing from you, etc.*

Favorite far proseguire. *Please forward.*

Presso … *Care of* …

Fermo posta. *To be called for.*

GRAMMAR
SUMMARY

INDEFINITE ARTICLE

Masculine	**un** libro	(**uno** *if followed by* **z** *or* **s** + *consonant* e.g. uno zaino, uno studente)
Feminine	**una** rivista	(**un'** *if followed by vowel e.g.* un'isola)

DEFINITE ARTICLE

	Masculine		
singular		*plural*	
il giornale		**i** giornali	*followed by a consonant*
lo { zaino		{ zaini	*followed by* **z**
{ studente		**gli** { studenti	*followed by* **s** + *consonant*
l'orologio		{ orologi	*followed by vowel*
	Feminine		
singular		*plural*	
la rivista		**le** { riviste	*followed by any consonant*
l'isola		{ isole	*followed by vowel*

PREPOSITIONS + ARTICLES

Short prepositions combine with the definite article to produce the following forms:

Grammar Summary

	il	lo	l'	la	i	gli	le
di	del	dello	dell'	della	dei	degli	delle
a	al	allo	all'	alla	ai	agli	alle
da	dal	dallo	dall'	dalla	dai	dagli	dalle
in	nel	nello	nell'	nella	nei	negli	nelle
su	sul	sullo	sull'	sulla	sui	sugli	sulle

Combined forms with **con** *frequently in use are:* **col, coi.**
N.B. Instead of the genitive form with **s**, *Italians use* **di**: *The lady's hotel*
= the hotel of the lady = l'albergo della signora.

NOUNS AND ADJECTIVES

	m	m or f	f
Singular	-o	-e	-a
Plural	-i		-e

*Adjectives match the gender and number of the nouns they accompany. This
does not mean that they always end with identical letters.*

Compare:

	singular	plural	
Masc.	il posto libero	i posti liberi	**-o** *becomes* **-i**
	il passaporto verde	i passaporti verdi	**-e** *becomes* **-i**
	il giornale italiano	i giornali italiani	
	il signore inglese	i signori inglesi	
Fem.	la valigia rossa	le valigie rosse	**-a** *becomes* **-e**
	la valigia verde	le valigie verdi	**-e** *becomes* **-i**
	la chiave piccola	le chiavi piccole	
	la chiave grande	le chiavi grandi	

Note the exceptions: la mano   le mani
                        la radio   le radio
                        il telegramma i telegrammi
                        il programma   i programmi

*Most adjectives follow the noun, but numerals and some common adjectives
such as* buono *precede it* (e.g. seconda classe, una buona idea).

140

Grammar Summary

Nouns and adjectives ending in -io change to -i in the plural or to -ii if the -io of the singular form carries a tonic accent; those ending in -co, -go change to -chi, -ghi; those ending in accented vowels or consonants do not change: città, bar.

Irregular plurals: amico—amici, uomo—uomini, braccio—braccia, shampoo—shampoo, serie—serie, mille—mila.

A great number of nouns can be altered by the addition of certain endings conveying the notion of a diminution: gatto—gatt**ino**, libro—libr**etto**, asino—asin**ello**; **b** *augmentation*: tavolo—tavol**one**; **c** *sturdiness*: contadina—contadin**otta**; **d** *scorn*: tempo—temp**accio**, giovane—giovin**astro** (rough young man); **e** *pity or contempt, of little account*: cosa—cos**uccia**, pietra—pietr**uzza**, medico—medic**onzolo**.

Comparisons

The comparative of adjectives is formed with **più** *or* **meno**, *and the superlative with* **il (i, la, le) più** *or* **meno**. *When there is no comparison, the superlative is formed by adding* **-issimo** *to the original adjective after its final vowel is dropped:*

Giorgio è più fortunato di Enrico.
Giorgio è il più fortunato di tutti.
Giorgio è fortunatissimo.

Irregular forms:

		Comparative	Superlative	
good	buono	migliore	il migliore	ottimo
bad	cattivo	peggiore	il peggiore	pessimo
large	grande	maggiore	il maggiore	massimo
small	piccolo	minore	il minimo	minimo
high	alto	superiore	il supremo	sommo
low	basso	inferiore	l'inferiore	infimo

Regular forms are sometimes used in place of the irregular forms of the comparative and superlative, e.g. più piccolo, il più piccolo.

141

Grammar Summary

PERSONAL PRONOUNS

	Subject			Object	
				Unstressed Forms Direct/Indir. Object	**Stressed Forms³** Dir. & Indir.
I	io	*me/to me¹*		mi	me
you { *fam.* *form.*	tu lei	*you/to you* { *fam.* *form.*		ti la/le	te lei
he	lui (egli)	*him/to him it/to it*		lo/gli	lui
she	lei (essa)	*her/to her it/to it*		la/le	lei
we	noi	*us/to us*		ci	noi
you { *fam.* *form.*	voi loro	*you/to you* { *fam.* *form.*		vi loro² (gli)	voi loro
they (m/f)	loro (*sometimes* essi/esse)	*them/to them* { *m* *f*		li/loro le/loro	loro

¹ *For convenience,* to *is used here to convey the idea of the Indirect Object forms, although other prepositions may be used.*
² Loro *follows the verb. It is not frequently used as an object pronoun in the spoken language.* Gli *is used instead, both for masculine and feminine.*
³ *Stressed forms are used after a verb or a preposition and for emphasis,* e.g. Poi Gino vede me (*direct object*) e dà anche a me (*indirect object*) la notizia.

REFLEXIVE PRONOUNS

	Singular	*Plural*
1st person	mi	ci
2nd person (fam.)	ti	vi
2nd person (form.) and *3rd person*	si	

The stressed form of **si** *is* **sè** (si veste da sè/si vestono da sè). *The other stressed forms of the reflexive pronouns are the same as the stressed forms of the object pronouns (see above):* e.g. ci vestiamo da **noi**.

Grammar Summary

DEMONSTRATIVES

	That		Those

Singular — *Plural*

Masculine

quel	giornale	**quei**	giornali	*followed by consonant*
quello	zaino		zaini	*followed by z*
	studente	**quegli**	studenti	*followed by s + consonant*
quell'	orologio		orologi	*followed by vowel*

Feminine

| **quella** rivista | | **quelle** | riviste | *followed by any consonant* |
| **quell'**isola | | | isole | *followed by vowel* |

This	**These**

Masculine

| questo | questi |

Masculine or Feminine

| quest' | | *followed by vowel* |

Feminine

| questa | queste |

POSSESSIVES

	singular		plural	
singular	m.	f.	m.	f.
1st person	mio	mia	miei	mie
2nd (fam.)	tuo	tua	tuoi	tue
2nd (form.) and 3rd	suo	sua	suoi	sue
plural				
1st person	nostro	nostra	nostri	nostre
2nd (fam.)	vostro	vostra	vostri	vostre
2nd (form.) and 3rd	loro			

VERBS

Present tense

| | Auxiliaries | | Regular | | | |
Infinitive	Essere	Avere	Arrivare	Vendere	Partire	Capire (+ **isc**)
Past Participle	stato	avuto	-ato	-uto	-ito	-ito
io	sono	ho	-o	-o	-o	-isco
tu	sei	hai	-i	-i	-i	-isci
egli/lui/lei	è	ha	-a	-e	-e	-isce
noi	siamo	abbiamo	-iamo	-iamo	-iamo	-iamo
voi	siete	avete	-ate	-ete	-ite	-ite
essi/esse/loro	sono	hanno	-ano	-ono	-ono	-iscono

Imperfect

	Essere	Avere	Arrivare	Vendere	Partire
io	ero	avevo	arriva**vo**	vende**vo**	parti**vo**
tu	eri	avevi	-avi	-evi	-ivi
egli/lui/lei	era	aveva	-ava	-eva	-iva
noi	eravamo	avevamo	-avamo	-evamo	-ivamo
voi	eravate	avevate	-avate	-evate	-ivate
essi/esse/loro	erano	avevano	-avano	-evano	-ivano

Future

	Essere	Avere	Arrivare	Vendere	Partire
io	sarò	avrò	arrive**rò**	vende**rò**	parti**rò**
tu	sarai	avrai	-erai	-erai	-irai
egli/lui/lei	sarà	avrà	-erà	-erà	-irà
noi	saremo	avremo	-eremo	-eremo	-iremo
voi	sarete	avrete	-erete	-erete	-irete
essi/esse/loro	saranno	avranno	-eranno	-eranno	-iranno

144

Conditional

	sarei	avrei	arriverei	venderei	partirei
io	sarei	avrei	arriverei	venderei	partirei
tu	saresti	avresti	-eresti	-eresti	-iresti
egli/lui/lei	sarebbe	avrebbe	-erebbe	-erebbe	-irebbe
noi	saremmo	avremmo	-eremmo	-eremmo	-iremmo
voi	sareste	avreste	-ereste	-ereste	-ireste
essi/esse/loro	sarebbero	avrebbero	-erebbero	-erebbero	-irebbero

Imperative

			arriva	vendi	parti	capisci
io	—	—	—	—	—	—
tu	sii	abbi	arriva	vendi	parti	capisci
egli/lui/lei	sia	abbia	-i	-a	-a	-isca
noi	siamo	abbiamo	-iamo	-iamo	-iamo	-iamo
voi	siate	abbiate	-ate	-ete	-ite	-ite
essi/esse/loro	siano	abbiano	-ino	-ano	-ano	-iscano

Present Subjunctive

			arrivi	venda	parta	capisca
io	sia	abbia	arrivi	venda	parta	capisca
tu	sia	abbia	-i	-a	-a	-isca
egli/lui/lei	sia	abbia	-i	-a	-a	-isca
noi	siamo	abbiamo	-iamo	-iamo	-iamo	-iamo
voi	siate	abbiate	-iate	-iate	-iate	-iate
essi/esse/loro	siano	abbiano	-ano	-ano	-ano	-iscano

Imperfect Subjunctive

	fossi	avessi	arriv**assi**	vend**essi**	part**issi**
io	fossi	avessi	-assi	-essi	-issi
tu	fossi	avessi	-assi	-essi	-isse
egli/lui/lei	fosse	avesse	-asse	-esse	-isse
noi	fossimo	avessimo	-assimo	-essimo	-issimo
voi	foste	aveste	-aste	-este	-iste
essi/esse/loro	fossero	avessero	-assero	-essero	-issero

Past Definite

	fui	ebbi	arrivai	vend**ei/etti**	part**ii**
io	fui	ebbi	arrivai	vendei/etti	partii
tu	fosti	avesti	-asti	-esti	-isti
egli/lui/lei	fu	ebbe	-ò	-é/ette	-ì
noi	fummo	avemmo	-ammo	-emmo	-immo
voi	foste	aveste	-aste	-este	-iste
essi/esse/loro	furono	ebbero	-arono	-erono/-ettero	-irono

Past Tense

io	sono stato/a	ho avuto	sono arrivato/a	ho venduto
tu	sei stato/a	hai avuto	sei partito/a	hai capito
egli/lui/lei	è stato/a	ha avuto	è entrato/a	ha studiato
noi	siamo stati/e	abbiamo avuto	siamo usciti/e	abbiamo finito
voi	siete stati/e	avete avuto	siete andati/e	avete portato
essi/esse/loro	sono stati/e	hanno avuto	sono ritornati/e	hanno aspettato

Some common reflexive verbs

Infinitives

abituarsi *to get used to* (io mi abituo, tu ti abitui, egli si abitua, noi ci abituiamo, voi vi abituate, essi si abituano)

accorgersi *to notice*
addormentarsi *to fall asleep*
affrettarsi *to hurry*
alzarsi *to get up*
ammalarsi *to fall ill*
annoiarsi *to get bored*
avviicinarsi *to approach*
chiamarsi *to be called*
coricarsi *to lie down*
dimenticarsi *to forget*
divertirsi *to enjoy oneself*
farsi male *to hurt oneself*
lagnarsi *to complain*
lasciarsi (scoraggiare ecc.)
to allow oneself (to be discouraged etc.)

meravigliarsi *to be surprised*
mettersi *to put on (a coat, etc.)*
offendersi *to be offended*
pentirsi *to repent*
pettinarsi *to comb one's hair*
raffreddarsi *to catch a cold*
rassegnarsi *to resign oneself*
riposarsi *to rest*
sbagliarsi *to be mistaken*
scusarsi *to apologize*
sedersi *to sit down*
sposarsi *to get married*
svegliarsi *to wake up*
vergognarsi *to be ashamed*

147

uscire / uscito

esco	uscirò	uscirei	esca	uscissi
esci	uscirai	usciresti	esca	uscissi
esce	uscirà	uscirebbe	esca	uscisse
usciamo	usciremo	usciremmo	usciamo	uscissimo
uscite	uscirete	uscireste	usciate	usciste
escono	usciranno	uscirebbero	escano	uscissero

dire / detto

dico	dirò	direi	dica	dicessi
dici	dirai	diresti	dica	dicessi
dice	dirà	direbbe	dica	dicesse
diciamo	diremo	diremmo	diciamo	dicessimo
dite	direte	direste	diciate	diceste
dicono	diranno	direbbero	dicano	dicessero

dare / dato

do	darò	darei	dia	dessi
dai	darai	daresti	dia	dessi
dà	darà	darebbe	dia	desse
diamo	daremo	daremmo	diamo	dessimo
date	darete	dareste	diate	deste
danno	daranno	darebbero	diano	dessero

fare / fatto

faccio	farò	farei	faccia	facessi
fai	farai	faresti	faccia	facessi
fà	farà	farebbe	faccia	facesse
facciamo	faremo	faremmo	facciamo	facessimo
fate	farete	fareste	facciate	faceste
fanno	faranno	farebbero	facciano	facessero

stare / stato

stò	starò	starei	stia	stessi
stai	starai	staresti	stia	stessi
stà	starà	starebbe	stia	stesse
stiamo	staremo	staremmo	stiamo	stessimo
state	starete	stareste	stiate	steste
stanno	staranno	starebbero	stiano	stessimo

sapere / saputo

sò	saprò	saprei	sappia	sapessi
sai	saprai	sapresti	sappia	sapessi
sà	saprà	saprebbe	sappia	sapesse
sappiamo	sapremo	sapremmo	sappiamo	sapessimo
sapete	saprete	sapreste	sappiate	sapeste

Some common irregular verbs

Infinitive and Past Participle	Present	Future	Conditional	Subjunctive Present	Subjunctive Imperfect
volere voluto	voglio vuoi vuole vogliamo volete vogliono	vorrò vorrai vorrà vorremo vorrete vorranno	vorrei vorresti vorrebbe vorremmo vorreste vorrebbero	voglia voglia voglia vogliamo vogliate vogliano	volessi volessi volesse volessimo voleste volessero
potere potuto	posso puoi può possiamo potete possono	potrò potrai potrà potremo potrete potranno	potrei potresti potrebbe potremmo potreste potrebbero	possa possa possa possiamo possiate possano	potessi potessi potesse potessimo poteste potessero
dovere dovuto	devo devi deve dobbiamo dovete debbono	dovrò dovrai dovrà dovremo dovrete dovranno	dovrei dovresti dovrebbe dovremmo dovreste dovrebbero	debba debba debba dobbiamo dobbiate debbano	dovessi dovessi dovesse dovessimo doveste dovessero
andare andato	vado vai và andiamo andate vanno	andrò andrai andrà andremo andrete andranno	andrei andresti andrebbe andremmo andreste andrebbero	vada vada vada andiamo andiate vadano	andassi andassi andasse andassimo andaste andassero
venire venuto	vengo vieni viene veniamo venite vengono	verrò verrai verrà verremo verrete verranno	verrei verresti verrebbe verremmo verreste verrebbero	venga venga venga veniamo veniate vengano	venissi venissi venisse venissimo veniste venissero

Answers

Chapter
1 (3 Reading Comprehension) page 8: The shop sells furs.
2 (3 Reading Comprehension) page 16: The advertisement is about furniture polish.
3 (2 Matching questions and answers) page 24: The correct sequence is 1c, 2a, 3f, 4g, 5e, 6d, 7b.
(3 Reading Comprehension) page 25: The advertisement is for hair shampoo.
5 (3 Reading Comprehension) page 41: The advertisement is for a car.
6 (2 Reading Comprehension) page 49: They are talking about the road.
7 (2 Reading Comprehension) page 59: The products are: *a* margarine, *b* a fridge-freezer, *c* a metallic bed-frame.
(4 Text editing) page 61: The missing noun in *catalogo*.
9 (1 Reading Comprehension) page 77: They are talking about fashion.
12 (2 Reading Comprehension) page 111: They are talking about suitcases.
13 (2 Reading Comprehension) page 119: They are talking about luggage.
14 (2 Reading Comprehension) page 130: The advertisement is about an airline.
(3 Crossword) page 130: Solution: 1. Scuola. 2. Callas. 3. Bulgaria. 4. Volatili. 5. Larici. 6. Esilio.